"Die Frau hat jetzt ein Seelenpferd und Herzenspony. Tipp: Ich bin es nicht. Ich bin hier nur derjenige, der lesen und schreiben kann und sie in der Gegend herumschleppen muss."

Wenn's beim Reiten nicht klappt, kann man sich für gewöhnlich vor Zuschauern nicht retten. Wenn's dann aber doch ganz ausnahmsweise hinhaut und noch dazu gut aussieht, kriegt es natürlich keiner mit. Letzteres passiert Pfridolin und seiner Besitzerin eher selten, aber es soll schon vorgekommen sein.

Der Autor

Pfridolin Pferd ist ein begnadeter Autor, dessen Talent nur noch von seiner Bescheidenheit übertroffen wird. Ein freier und hungriger Geist, gefangen im Körper eines Pferdes. Wenn er nicht gerade auf der Flucht vor den Dressur-Ambitionen seiner Besitzerin ist, findet man ihn an der Heuraufe. Nebenbei ist er Erziehungsberechtiger für den Lutschi, das spanische Mähnenwunder. Der heißt eigentlich Lucero, hat aber die orale Phase nie überwunden.

Weitere Bücher von Pfridolin Pferd:

Meisenwald-Krimis: Tod im Misthaufen · Tödlicher Tierarzttermin · Tödliche Traversale · Tod auf der Stallgasse

Geschichten vom Pferd: … und ich dachte, Reiten kann man lernen · Immer noch keine Piaffe · Wenn Reiten einfach wäre, würde es Radfahren heißen

PFRIDOLIN PFERD

WENN´S MAL KLAPPT, GUCKT NATÜRLICH KEINER

NEUE GESCHICHTEN VOM PFERD UND SEINER BESITZERIN

Bibliografische Information der Deutschen Nationalbibliothek:

Die Deutsche Nationalbibliothek verzeichnet diese Publikation in der Deutschen Nationalbibliografie; detaillierte bibliografische Daten sind im Internet über http://dnb.dnb.de abrufbar.

© 2023 Pfridolin Pferd

Herstellung und Verlag: BoD – Books on Demand, Norderstedt
ISBN: 978-3-757-829-131

Für die Ponies

DEIN FREUND UND HELFER. NICHT.

Die Frau hat jetzt ein Seelenpferd und Herzenspony. Tipp: Ich bin es nicht. Ich bin hier nur derjenige, der lesen und schreiben kann und sie meistens herumschleppen muss. Und wenn es nicht unsere one and only Frau Reitlehrerin gäbe und den Mann, der uns vor einiger Zeit zugelaufen ist, wäre ich der sogenannten Besitzerin und ihrem Wahnsinn ganz allein ausgeliefert.

So teilen wir uns das und haben noch den Lutschi dazu genommen, damit der auch seine daily Dosis abbekommt. Der Lutschi ist unser spanisches Mähnenwunder. Eigentlich heißt er Lucero, aber weil er die orale Phase nie überwunden hat, wird er Lutschi genannt. Den muss ich so nebenbei auch noch erziehen. Und das, wo ich doch eigentlich Freizeitpferd bin und mich nicht anstrengen darf.

Wo war ich? Ah ja, Seelenpferd und Herzenspony. Gemeint ist der Lutschi, unser minderjähriges Mähnenwunder. Also körperlich ist er schon ausgewachsen, wobei er sagt, er wäre noch nicht ~~dick~~ barock genug, aber geistig ist er halt auf dem Stand eines altersgerecht entwickelten Zweijährigen, und ich fürchte, das bleibt auch so. Mit anderen Worten: der Lutschi ist mein Haustier und muss alles tun, was ich sage. Außer wenn er das nicht versteht. Also oft.

Aber so ein Seelenpferd muss ja auch nix können, außer, die sogenannte Besitzerin süß und schläfrig durch seinen zotteligen Schopf anzublinzeln, wenn sie sich neben ihn auf ihre rosa Flauschidecke legt, um zu meditieren. Das ist nämlich die neueste Unsitte hier: man rechnet mit nix Bösem und guckt verträumt nach unten und da liegt dann mit einem Mal unsere kleine Ostwind-Wendy auf ihrer schweinchenrosa Meditationsdecke und ommmt vor sich hin.

Nachdem ich neulich vor Schreck fast an die Decke gesprungen bin, hat sie beschlossen, dass unsere seelische Verbindung doch nicht so das Gelbe vom Ei ist und ihre Rumliege-Aktivität auf die Box vom Lutschi verlagert, weil der ja sooooo sehr ihr Herzenspferd ist. Und so nah an ihrer Seele und überhaupt.

Das Einzige, was der Lutschi ist, ist langsam. Und verträumt. Mehr aber auch nicht. Offensichtlich reicht das aber schon aus, um sich als Seelengefährte und Therapeut zu qualifizieren. Ja genau, Therapeut. Die spanische Brezelbirne ist jetzt auch Seelenklempner. Und was für einer, meint die Frau.

Man könnte das auch gar nicht beschreiben, man müsste es spüren, sagt sie, wenn sie vom Mann gefragt wird, warum zum Henker sie auf der schweinchenrosa Decke in der Pferdebox herumflackt. Diese innere Verbindung. Hach. Der Mann wäre immer so unsensibel. Und der Pfridolin erst! Aber der Lutschi wäre der Einzige, der sie und ihre zerbrechliche Persönlichkeit wirklich versteht. Da wären so ganz besondere Schwingungen in der Aura. Ganz unbeschreiblich wäre das und total schön. Eben Balsam für ihre verhärtete und angespannte Seele.

Der Lutschi ist währenddessen ganz verständnisvoll und sensibel aufs Boxenpaddock gegangen, wo das Heunetz hängt. Da hört man ihn Heu rupfen. Zwischendurch kommt er zum Pinkeln rein. Das ist der Moment, wo die Frau überlegt, doch lieber mit ihrer Schweinchendecke aufs Gruppenpaddock umzuziehen, wo wir uns tagsüber aufhalten. Da pinkeln wir nicht, weil der Boden da hart ist. Aber es gibt Heu, was immer schöne Stimmung macht.

Auch bei der Frau, die sich freut, wie herrlich beruhigend das Geräusch von heufressenden Pferden ist. Außer, wenn jemand futterneidisch wird und jemand anderen vertreibt, und das zur Not auch quer über schweinchenrosa Decken und meditierende Frauen hinweg.

„Wunderbar, wie sehr einen dieses Meditieren belebt", meint der Mann, der von Ferne beobachtet hat, wie die Frau mit einem Riesensatz das Paddock verlässt.

„Ja, ganz wunderbar", schnauft die sogenannte Besitzerin. „Ich wollte sowieso gerade ins Reiterstübchen, da ist es wenigstens geheizt. Da meditiert es sich gleich noch mal so gut."

Und so ganz vielleicht ist ein Pferd doch kein Therapeut, sondern einfach ein Pferd. Ich warte mal ab, vielleicht kommt sie da noch selber drauf.

Ist sie natürlich nicht. Stattdessen haben wir Reitunterricht, wo Frau Reitlehrerin pädagogisch und beharrlich versucht, die Frau ans vernünftige Reiten heranzuführen. Wo man sich auch mal vorwärtsbewegt. Das ist nicht genau das, was die sogenannte Besitzerin gern hätte. Die leidet ja unter einem pathologischen Piaffe-Fimmel und bildet sich ein, sie würde Reitkunst treiben. Weil sie sich insgeheim zu Tode fürchtet und am liebsten nur mit mir herumstehen würde und für Fotos posieren.

HOPPI GALOPPI

„Und an der langen Seite zulegen!",
kommandiert Frau Reitlehrerin.

„Waaas, noch schneller?", fragt die Frau,
meine sogenannte Besitzerin, entsetzt. Wir
sind nämlich gerade im Galopp und gehen
ganze Bahn. Also ich. In einem sehr
entspannten Galopp. Kurz vor dem
Schlafwandeln, eigentlich. Die Frau hängt wie ein
Mehlsack im Sattel und krallt sich da fest, während sie sich
dessen ungeachtet wie Ingrid Klimke fühlt, weil GANZE
BAHN und UIUIUI.

Wenn ich ganz ehrlich bin, habe ich diesen Zeitlupen-
Galopp mittlerweile so perfektioniert, dass man fast
denken könnte, er wäre versammelt. Ist er aber nicht. Nur
langsam. Aber pst, nicht Frau Reitlehrerin erzählen.

Die Frau gibt halbherzig treibende Hilfen und ist froh,
dass ich sie ignoriere.

„An der langen Seite zulegen!", wiederholt Frau
Reitlehrerin lauter, in der Annahme, die sogenannte
Besitzerin hätte sie akustisch nicht verstanden. Aber da
kann ich sie beruhigen, die Akustik ist nicht das Problem.

„Vorwärts reiten!" ist das nächste Kommando. „Stell dir
genau vor, wie der Pfridolin kraftvoll abspringt und die
Galoppsprünge immer größer werden!"

„Mach ich doch", lügt die Frau, die die ganze Sache
ziemlich gruselig findet. Denn, so ihr Gedanke: Man weiß
ja nie, ob das wilde Tier unter einem nicht doch mal
spontan buckelt oder sonstige Ausraster hat. Immerhin ist
es Winter, da ist sowas gut möglich.

Frau Reitlehrerin erkennt das Problem und lässt uns
erstmal durchparieren. Gottseidank, sag ich da nur. Ich bin
Freizeitpferd, ich DARF mich gar nicht anstrengen.

Dann stelle ich mich zutraulich daneben, während sie der Frau folgendes erklärt: „Wir möchten den Durchsprung im Galopp verbessern, damit der Pfridolin athletischer wird. Galopp ist nämlich eine Gangart mit vielen Vorteilen: er ist ein gutes Bauchmuskeltraining, er ist wichtig für die Lunge und außerdem sind Galopp-Trab-Übergänge sehr gut für die Rückenmuskulatur."

„Weiß ich doch", behauptet meine Reiterin.

Ich muss mich erstmal sammeln, um das Gehörte zu verarbeiten. Es scheint jetzt doch auf Spocht herauszulaufen, da habe ich ja sicherheitshalber bisher einen großen Bogen drum gemacht. Andererseits: Athletisch ist cool, die Meedchen stehen auf Sixpacks.

Und schließlich: Wer weiß, wie lang die sogenannte Besitzerin entsprechend motiviert ist, sie ändert ihre Meinung ja gern im Stundentakt. Außerdem sind Gehirn und Körper bei ihr nur entfernte Bekannte, wo sich der eine regelmäßig darüber wundert, was der andere so treibt, und umgekehrt.

Frau Reitlehrerin lächelt meine Reiterin an: „Sehr gut, dann können wir ja jetzt das Galopp-Training zu unserem Programm dazunehmen."

Oh, Galopp-Training, denkt die. Das klingt interessant und verwegen. Und Frau Reitlehrerin erkennt endlich, dass die Frau mindestens genauso viel Ahnung hat wie sie. Das wurde ja auch Zeit. Bescheiden erklärt die Frau, sie wäre ja nur die Co-Trainerin, die Frau Reitlehrerin zur Hand gehe, wo es eben nötig sei.

Frau Reitlehrerin hat einen Master in Diplomatie und ihre Gesichtszüge gut unter Kontrolle, während sie die Frau und mich wieder nach draußen beordert, auf den zweiten Hufschlag. Dort sollen wir erst mal auf dem Mittelzirkel angaloppieren und den allmählich vergrößern.

Wir tun, wie uns befohlen, schon weil Frau Reitlehrerin auffordernd guckt und körpersprachlich energische

Signale gibt. Eigentlich stört die sogenannte Besitzerin nur, denke ich mir. Aber wie ich so um Frau Reitlehrerin herumgaloppiere, erkenne ich mal wieder ihr Genie.

Auf die Art gewöhnt sich nämlich das zaghafte Frauchen, das sonst immer einen auf dicke Hose macht, an die Galoppbewegung und wird mutiger, so dass wir tatsächlich irgendwann auf dem zweiten Hufschlag ankommen und dort – düdümm! ganze Bahn galoppieren. Und zwar in etwas, was ich durchaus Arbeitstempo nennen würde, denn es ist verdammt anstrengend und macht komische Gefühle in der Hinterhand. Aber auch WACH und ein bisschen WILD

Nachdem die Frau festgestellt hat, dass die ganze Sache zwar aufregend, aber auch irgendwie cool ist und Ähnlichkeit mit richtigem Reiten hat, ist sie kaum noch zu bremsen. Da hat sie Glück, denn wir wiederholen die Übung nach einer kurzen Verschnaufpause auf der anderen Hand.

„Das war aber jetzt starker Galopp", stellt die sogenannte Besitzerin fest, als sie wieder sprechen kann.

„Das war ein gutes Arbeitstempo", lächelt Frau Reitlehrerin freundlich, „und da ist noch viel Luft nach oben."

„Oben, wie in … SPRINGEN?", fragt die Frau entsetzt.

„Wir könnten dem Pfridolin mal Dualgassen in den Weg legen, das verbessert den Galopp auch. Aber vorerst üben wir das Beschleunigen ohne Hindernisse. In der nächsten Reitstunde legst du auf den langen Seiten noch ein bisschen zu und fängst ihn an den kurzen Seiten wieder ab. Das trainiert die Hinterhand und hilft dir, den versammelten Galopp zu entwickeln."

„Und dann Galopp-Pirouette", kräht die Frau, die durch die erhöhte Sauerstoffzufuhr anscheinend komische Ideen bekommt.

Frau Reitlehrerin und ich sehen uns an. Weil sie die

diplomatischere von uns beiden ist, formuliert sie die Antwort. Es ist eine höfliche Form von *leider nein, leider gar nicht* und sie lautet: „Nicht direkt in der nächsten Reitstunde, aber es ist immer wichtig, Ziele zu haben. Das hilft beim Visualisieren, und das Visualisieren hilft dir wiederum, deinen Zielen näher zu kommen."

Philosophisch, oder? Und wenn ihr mich jetzt entschuldigen würdet, ich muss mich wälzen. Bevor die Frau auf noch komischere Ideen kommt.

Oder am Ende noch ihre humoristische Ader entdeckt. Wobei sie meistens die Einzige ist, die über ihre Witze lacht. Weil die anderen so humorlos sind, denkt die Frau. Weil die Irre so bescheuerte Gags macht, dass da nur der Mann drüber lachen kann, denke ich. Und der MUSS lachen, weil er bekanntlich von ihr unterdrückt wird.

KNAPP DANEBEN IST AUCH VORBEI

„Knapp daneben ist auch vorbei", flötet die sogenannte Besitzerin, als Frau Reichundschön, die amtierende Dressur-Queen des Stalles, die deshalb und wegen ihres Reichtums von ihr glühend beneidet wird, nacheinander alle Zirkelpunkte verpasst und mit ihrem Happy Dancer auf einem ostereiförmigen Kringel kreist. Frau Reichundschön rümpft die vornehme Nase und würdigt sie keiner Antwort.

Bestimmt zu leise gewesen, denkt die sogenannte Besitzerin und plärrt: „KNAPP DANEBEN IST AUCH VORBEI, HAB ICH GESAGT!"

Frau Reichundschön ist aber auf diesem Ohr taub und hat offensichtlich kein Interesse daran, mit dem Pöbel zu verkehren.

„Kein Sinn für Humor. Hmpf", kommentiert die Frau und sucht ihr Heil an einer neuen Wirkungsstätte.

„Knapp daneben ist auch vorbei", wiederholt sie, als ihre derzeit beste Freundin, Frau Horsti, hoch zu Ross die Jacke auszieht und das gute Stück schwungvoll an der Bande vorbei in den Hallensand wirft.

Frau Horsti ist not amused.

„Die ist ganz neu, menno", zetert sie. Möglicherweise aktualisiert sie auch gerade den Freundschaftsstatus und die Frau ist nur noch ehemalige beste Freundin.

Nur Spaßbremsen hier, denkt die sogenannte Besitzerin, gibt aber nicht so leicht auf. Da kommt ihr der Mann gerade recht, der von ihr damit beauftragt wurde, mich reitfertig zu machen.

„Der Sattel liegt zu weit vorn, auf der Schulter", merkt sie an. „Knapp daneben ist auch vorbei, ahahaha."

Auch, als der Mann den Sattel zum Ausgleich zu weit hinten auflegt, gibt sie ihren neuen Lieblingsspruch zum Besten.

Der Mann guckt nur. Er kann gut kochen und hat keine Angst vor der Frau, weil er sie mit lecker Fressi erpressen kann. Also zieht er fragend eine Augenbraue hoch und die Frau belehrt ihn darüber, wo genau er den Sattel zu platzieren hat. Sicherheitshalber wiederholt sie: „Knapp daneben ist auch vorbei, gnihihi", für den Fall, dass er ihren gigantischen Witz verpasst hat.

Als wieder keine Reaktion kommt, zieht sie leicht verschnupft ab. Ich muss leider mitkommen. Das kann ja heiter werden, denke ich mir. Und damit meine ich bestimmt nicht lustig.

Am Reitplatz angekommen, stelle ich mit Grausen fest, dass die sogenannte Besitzerin da schon einige Stangen hingelegt hat. Hübsch unpassend, wie das so ihre Art ist. Stangenarbeit gut und schön, aber noch schöner isses doch, wenn man auch gescheit darüberkommt.

Und so kommt, was kommen muss: Mein formschöner Fuß kommt unpassend in Kontakt mit der Stange und ich starte die Todesgrätsche. Wofür die sogenannte Besitzerin überhaupt kein Verständnis zeigt und mich laut anblökt, ich sollte mich gefälligst zusammenreißen.

„Knapp daneben ist auch vorbei", ruft der Mann hilfsbereit. Findet die sogenannte Besitzerin gar nicht komisch. Warum nur, denke ich mir.

Nach der Reiteinheit gehe ich noch aufs Paddock, ein bissel chillen. Die Frau mistet währenddessen meine Box aus. Housekeeping, coole Sache eigentlich. Weil Madame nicht so gern läuft, ist die Schubkarre immer ordentlich voll. So gibt es ein schönes weiches Polster, als die Frau kurz vor dem Misthaufen über einen Stein fährt und mitsamt der Karre umkippt.

„Knapp daneben ist auch vorbei", lacht der Mann. Was

die Frau leider sehr humorlos aufnimmt und anbietet, ihn mit der Mistgabel um den Hof zu jagen. War vielleicht doch nicht so lustig, ihr Spruch.

Und jetzt weiß ich auch nicht, ob der Lutschi und ich bald Halbwaisen sind. Oder ob Frau Reitlehrein pädagogisch und todesmutig dazwischengrätscht und die Frau mit ihrem unzerstörbaren Frau-Reitlehrerin-Lächeln wieder einfangen und resetten kann.

Spoiler: Sie kann. Zumindest kurzfristig. Um der sogenannten Besitzerin ihren Piaffe- Fimmel komplett auszutreiben, braucht es entweder einen Exorzisten oder eine Gehirnwäsche, und beides ist in der Reitstunde selten zur Hand.

UPS, FALSCH ABGEBOGEN.
HEUTE: HALBE ZIRKEL REITEN

Ich mag Frau Reitlehrerins Optimismus. Doch, wirklich. Wenn sie mit strahlendem Lächeln sagt: „Und jetzt auf den Zirkel geritten" und dann tatsächlich damit rechnet, dass wir einen halbwegs runden Kreis zustande bringen, dann könnte ich sie knutschen. Wobei runde Zirkel ja schon ein Widerspruch in sich sind, gell.

Aber Frau Reitlehrerin gibt nicht so leicht auf. Sie beobachtet, wie wir an der kurzen Seite durch die Ecken schaukeln und dann nach außen abdriften, bevor sie feststellt: „Ups, falsch abgebogen. Heute kümmern wir uns mal um die Schultern vom Pfridolin."

Die Frau, sehr erstaunt: „Aber da sitze ich ja gar nicht drauf. Wie soll ich die denn kontrollieren?"

Und das von unserer kleinen Dressur-Queen, die von Schulterherein und anderen Seitengängen träumt. Aber da kommt sie vielleicht noch selber drauf, ne.

Frau Reitlehrerin, freundlich lächelnd: „Mit deinen äußeren Hilfen. Mit dem verwahrenden äußeren Schenkel und mit dem äußeren Zügel. Den inneren brauchst du ja eigentlich nicht, um eine Wendung zu reiten. Und was ist so ein Zirkel anderes als eine permanente Wendung?"

Ach. Verrückt. Damit hat die Frau nun nicht gerechnet.

Aber Frau Reitlehrerin ist noch nicht fertig. „Wenn der Pfridolin dir so nach außen wegdriftet, kommt zuviel Gewicht auf die äußere Schulter. Das wollen wir nicht."

Dazu hatte die Frau sich bisher wenig Gedanken gemacht, aber wenn Frau Reitlehrerin sagt, wir wollen das nicht, dann ist das wahrscheinlich auch so.

„Warum nicht?", fragt sie sicherheitshalber nach.

„Weil wir gern ein gerade gerichtetes Pferd haben wollen, das mit den Hinterbeinen in die Spur der Vorderbeine fußt, und zwar sowohl auf geraden wie auf gebogenen Linien. Dann sind beide Schultern gleichmäßig belastet beziehungsweise die Vorhand wird gleichmäßig entlastet, je mehr Last der Pfridolin auf der Hinterhand aufnimmt."

Also für mich hört sich das stark nach Arbeit an. Ich bin entsetzt. Aber Frau Reitlehrerin spricht weiter: „Das ist aus vielen Gründen praktisch und dient nicht zuletzt der Gymnastizierung und Gesunderhaltung. Nicht gerade gerichtete Pferde verschleißen schnell auf dem überlasteten Vorderbein."

Oh. Ach so. Na dann hat sich ja anscheinend jemand was dabei gedacht.

„Und was mache ich jetzt mit seinen Schultern?", fragt meine Reiterin, der sich das Ganze noch nicht so wirklich erschließt.

„Du begrenzt ihn vermehrt mit dem äußeren Zügel. Und du wendest bei X ab und reitest auf den Punkt C zu. Und dann wieder auf die Zirkellinie, ohne Handwechsel."

Die Frau guckt komisch. Also begleitet uns Frau Reitlehrerin im Schritt und erklärt den Weg. So erfahren wir, dass ich halbe Zirkel gehen soll. Der Zirkel wird einfach halbiert und leider müssen wir das im Trab machen, wo sich dann herausstellt, dass die Übung relativ anstrengend ist, weil ich über außen, in angedeuteter Konterstellung, abwenden muss und so die äußere Schulter leicht wird, aber das zugehörige Hinterbein ordentlich Last aufnehmen muss.

Ich bin Freizeitpferd, ich DARF gar keinen Sport treiben! Aber Frau Reitlehrerin guckt streng, also mache ich weiter mit. So, wie die Frau auf meinem Rücken schnauft, ist eh gleich Pause

Und siehe da, schon stehe ich wieder bei Frau Reitlehrerin in der Zirkelmitte, während die erklärt: „Beim Wenden in Konterstellung verlagert der Pfridolin sein Gewicht von der äußeren auf die innere Schulter und positioniert dabei seine Schulter vor seine Hinterhand. Er richtet sich also für einen kurzen Moment gerade und belastet seine beiden Hinterbeine gleichmäßig. Das ist ein schönes Krafttraining für ihn, und dir verhilft die Übung zu runderen Zirkeln."

Die Frau guckt skeptisch, deshalb probieren wir es direkt aus und stellen fest: Frau Reitlehrerin hatte recht, in Wirklichkeit bin ich ein Dressur-Star und kein Freizeitpferd. Runde Zirkel kann ich jedenfalls. Davon ist die sogenannte Besitzerin mindestens genauso überrascht wie ich.

„So fühlt es sich an, wenn der Pfridolin beide Hinterbeine gleichmäßig benutzt", lächelt Frau Reitlehrerin.

„Cool. Und was machen wir als nächstes? Piaffe?", fragt die sogenannte Besitzerin.

Ich glaube nicht.

Wo wir doch jetzt Dressurstars sind, die sogenannte Besitzerin und ich, ist es natürlich sehr ernüchternd, wenn kleingeistige Zuschauer am formvollendeten Sitz der Frau herumkritteln. Vor allem, wenn sie recht haben. Oder Frau Reitlehrerin heißen. Oder beides.

STÖRENDE KÖRPERTEILE EINFACH ABSCHNEIDEN

„Das Bein ist lang und locker", sagt Frau Reitlehrerin und guckt auffordernd. Die sogenannte Besitzerin zieht sich davon aber nix an und wackelt weiter enthemmt mit ihren Stampferchen, während sie so tut, als würde sie meinen Trab aussitzen.

„Denk ans rückwärts Radfahren", schlägt Frau Reitlehrerin als Alternative vor, aber auch das fruchtet nicht. Erstens ist die Frau heute körperlich eh nicht in Höchstform – wann ist sie das überhaupt, fragt man sich – und zweitens mental auch nicht. Wie so oft. Aber nicht verzagen, Frau Reitlehrerin fragen, die hat nämlich noch das ein oder andere As im Ärmel.

Die Frau währenddessen so: Wackel Wackel Wackel. Mir wird schon ganz schlecht von diesem dauernden Geschwanke. Frau Reitlehrerin lässt uns durchparieren zum Schritt und fordert: „Stell dir vor, du hättest gar keine Beine."

Boah, jetzt geht das wieder los mit diesen bescheuerten inneren Bildern, denkt die Frau und erwidert: „Kann ich nicht."

„Wir schneiden einfach deine Beine ab, so dass dein Körper mit dem Gesäß aufhört", lächelt Frau Reitlehrerin fröhlich. Und ein ganz klein wenig blutrünstig, aber da mag ich mich auch täuschen. Sie fährt fort: „Die Beine sind weg, die gibt es gar nicht mehr."

Aha. Eine Phase heftigen Nachdenkens beginnt. Man erkennt es daran, dass die Frau ungewöhnlich schweigsam ist und ihr Kopf qualmt. Dann kommt eine erste Erkenntnis. Sie lautet: „Wenn die Beine nicht mehr da sind, hält mich nur noch mein Popo im Sattel."

„Ganz genau", lobt Frau Reitlehrerin. „Mit der Hüfte

balancierst du die Trab-Bewegung aus. Die Beine sind ja gar nicht mehr da."

Ach und ui. Das Denken ist beendet, jetzt starten wir das Projekt Jugend forscht. Ich trabe an und die Frau lotet im Experiment aus, wie sie ihre Hüften bewegen muss, um das am besten hinzukriegen. Die vernachlässigten Beine werden von ganz alleine lang und locker, weil jetzt die Hüfte das tut, was von Anfang an ihre Aufgabe gewesen wäre. Aber da hatte die Frau ja einen Knoten im Kopf, weshalb sich Frau Reitlehrerin – listig, wie sie nun mal ist – ein anderes inneres Bild einfallen ließ.

Merke: Viele Wege führen nach Rom, aber nur einer in die Futterkammer. Und da will ich jetzt hin.

Kennt ihr das, wenn jemand, den ihr schon ewig kennt, mit einem Mal verkündet, er würde nach Papua-Neuguinea auswandern und da mit seinen zwei linken Händen Gartenlauben zimmern? So ähnlich gucke ich jedes Mal, wenn die sogenannte Besitzerin ein neues Leben anfangen will. Eigentlich sollte man meinen, ich hätte mich mittlerweile daran gewöhnt, weil es ja schließlich alle naslang geschieht, dass die Frau keinen Bock mehr auf ihren Bürojob hat und nebulös „irgendwas mit Pferden" machen will, aber gefühlt haut es mich doch jedes Mal aus den Schluppen.

Weil sie halt ein Händchen dafür hat, genau die Geschäftsidee zu finden, für die sie null Talent hat. Und die möglicherweise auch nicht ganz seriös ist.

Aber hey, gefühlt ist sie ein Naturtalent. Und man darf auch nicht lachen, wenn sie sowas erzählt. Hat der Mann einmal gemacht, weil er gedacht hat, seine Liebste würde einen Witz erzählen. Und zack, schlechte Laune.

Jetzt will sie Angstcoach werden. Ich frage mich, ob diese Berufe eigens für die Frau erfunden werden?

FÜRCHTET EUCH SEHR, DIE FRAU WIRD ANGSTCOACH!

Fürchtet euch sehr, denn die Frau, meine sogenannte Besitzerin, hat mal wieder ein neues Leben begonnen. Sie erfindet sich ja ständig neu, wie sie sagt, und gerade tut sie so, als wäre sie Angstcoach. Also wie gesagt, Vorsicht vor der Frau.

„Wir sind ja jetzt Kollegen", begrüßt sie Frau Reitlehrerin, die entspannt die Stallgasse herunterschlendert.

Das ist Frau Reitlehrerin zwar neu, aber sie lächelt freundlich, mit der ihr eigenen unzerstörbaren guten Laune, und erkundigt sich nach Details. Das sind übrigens die zwei Schlüsselqualifikationen für Reitlehrer: freundlich lächeln können und Nerven wie Drahtseile haben.

„Ja, ich bin nämlich jetzt Angstcoach für Angstreiter", strahlt die sogenannte Besitzerin. Nix mehr Piaffe und Dressur-Queen, nein, jetzt wird therapeutisch gewerkelt, was das Zeug hält. Und wenn man selbst nicht reiten kann und Angst hat, ist man ja quasi Sachverständige fürs Angstreiten, so ihre Begründung für die überraschende Berufswahl. Praktischerweise kann man sowas im Fernkurs lernen, von zuhause aus, wie sie erzählt. Und ohne jemals wirklichen Kontakt zu einem Reitschüler oder gar einem Psychologen oder sonstigen Sachverständigen gehabt zu haben.

„Und wie läuft das Coaching dann ab?", erkundigt sich Frau Reitlehrerin.

„Ganz einfach, ich fahre zu meinen Reitschülern und gucke mir an, wie die reiten. Und dann sage ich denen, dass sie keine Angst haben sollen", erklärt die Frau.

„Das ist ja einfach. Und meinst du, das hilft?"

Etwas an Frau Reitlehrerins Unterton macht die Frau nachdenklich. „Meinst du nicht?", erkundigt sie sich. Aber dann erinnert sie sich an ihren großartigen Business-Plan. „Ich fahre da aber zweigleisig", erklärt sie stolz. „Und zwar biete ich auch Fernkurse an, per Internet oder WhatsApp. Da können mir die Leute erzählen, dass sie Angst vor ihrem Pferd haben, und dann sage ich ihnen, dass sie das bleiben lassen sollen. Dann machen wir zusammen eine Fern-Meditation und sie sind geheilt."

Frau Reitlehrerin hat mit Mühe die Fassung bewahrt. Ihr Lächeln wirkt allmählich gequält. „Und die Probleme, die sie tatsächlich mit ihrem Pferd haben? Was empfiehlst du da?"

„Ach, dafür ist die Reitlehrerin zuständig. Ich kann mich ja nicht um alles kümmern", erwidert die Frau wegwerfend.

Als ob sie überhaupt eine Ahnung von dem hätte, was sie anbietet. Aber ich bin ja hier nur das Pferd und man sagt mir nach, ich würde lästern. Wenn es einen Menschen gibt, der noch weniger Ahnung von Pferden hat als die sogenannte Besitzerin, dann teile ich freiwillig mein Mash mit ihm. Mit anderen Worten: So jemand gibt es nicht.

„Eigentlich mag ich sowieso lieber Fern-Coaching", erzählt die Frau verträumt weiter. Weil auf Telefonieren oder richtigen echten Kontakt hat sie nicht so viel Lust. Da würde man ja auch viel zu schnell merken, dass sie eigentlich nicht weiß, was sie tut. „Ganz wichtig ist bei mir die Erfolgsgarantie!"

Wenn das mal nicht leichtsinnig von ihr ist. Ich hätte zu Vorkasse und einem schnellen Wohnortwechsel geraten, aber die Frau hat das offensichtlich durchdacht. Sie spricht weiter: „Man muss sich als Kunde aber committen. Wenn's dann nämlich nicht geklappt hat, hat der Kunde nicht genug mitgemacht. Oder durch seine destruktive Ausstrahlung das Coaching sabotiert. Denn wenn man nicht aus vollem Herzen dabei ist, dann klappt es leider nicht. Oder man war halt nicht wirklich an einer ehrlichen Kommunikation interessiert."

Das ist ja praktisch. Und möglicherweise nicht so ganz seriös. Frau Reitlehrerin guckt jedenfalls komisch und holt tief Luft. Und dann erklärt sie der Frau ganz freundlich, aber doch deutlich, dass man nicht einfach so hingeht und Leute wegen ihrer Ängste behandelt, ohne hierfür eine RICHTIGE Ausbildung zu haben. Und damit ist kein Online-Kurs gemeint.

Also Vorsicht vor selbsternannten Experten! Wenn es um Ängste beim Reiten geht, ist es als zusätzlicher Bonus günstig, wenn man jemand fragen kann, der sich noch dazu auch mit Pferden auskennt und das möglicherweise sogar gelernt hat. Wirklich gute Reitlehrer können ja nicht nur den Pferden, sondern auch den Menschen in den Kopf kriechen. Die kosten zwar was, aber das tut das Coaching von den selbsternannten Gurus auch.

Zum Glück haben wir unsere one and only Frau Reitlehrerin, die die Frau immer wieder einfängt, wenn sie gedanklich zu sehr aus dem Ruder läuft. Sie hat halt nicht so viele Gehirnzellen, und genau wie beim spanischen Mähnenwunder leuchten ihre Augen, wenn man ihr eine Taschenlampe ans Ohr hält. Weil sie aber zwischendurch auch gute Eigenschaften hat – ich erinnere an die Leckerli in ihrer Hosentasche – kümmere ich mich hauptsächlich um unser gemeinsames Überleben. Denn sind wir mal ehrlich: ohne mich wäre sie verloren.

ICH SEHE WAS, WAS DU NICHT SIEHST

Ohne mich wäre die sogenannte Besitzerin aufgeschmissen. Doch, wirklich. Es ist nicht zu glauben, mit was für einem sträflichen Leichtsinn die Frau durch die Gegend taumelt. Noch argloser ist vielleicht noch das spanische Mähnenwunder. Aber sonst keiner, da bin ich mir sicher. Wobei der Lutschi eigentlich nichts dafür kann. Der schläft halt durch und wird nur zum Essen wach.

Alles andere – Reitstunde, Hufschmied etcetera – erledigt er im Tiefschlaf. Handwerker, Leitern, Kabel, Schläuche und sonstige Mordwerkzeuge lassen ihn völlig kalt, weil er quasi im Wachkoma durchs Leben geht. Oder rollt, was angesichts seiner barocken Leibesfülle der angemessenere Ausdruck ist.

Zum Glück gibt es mich, den wachsamen Fast-Hengst, der die Stallgasse fest im Blick hat und verdächtige Veränderungen sofort registriert. Decke falsch aufgehängt? Ooooder – Decke in der falschen Farbe?

Alarm bei der Stallpolizei! Auch unheimliche Eimer werden beobachtet und gemeldet. Natürlich nur, wenn kein Futter drin ist. Eimer MIT Futter sind per se nicht bedrohlich. Dankt mir nicht, ich tue das ja gern. Auch wenn es viel Arbeit ist.

Denn ich überwache nicht nur die Stallgasse, o nein. Auch in der Reithalle habe ich der Frau so manches Mal das Leben gerettet, weil ich sie auf verborgene Gefahren hingewiesen habe. Ich denke da nur an den unheimlichen Stuhl in der Ecke. Frau Reitlehrerin braucht keinen, aber es gibt ja auch unsportliche Modelle, die sitzen da gern rum. Und sind VERDÄCHTIG und wahrscheinlich auch GEFÄHRLICH. Aber dankt sie es mir? Pustekuchen.

Genau dasselbe gilt für die Cavaletti, die sich neben dem Reitplatz versteckt haben. Auf heimtückische Art und Weise, wie ich betonen möchte. Sie haben sich mit Pylonen und allerlei anderem Zubehör getarnt, aber ich falle auf solche Täuschungsmanöver nicht herein.

Da schlägt mein untrüglicher Instinkt Alarm und also kann man nur den oberen Zirkel benutzen. Das ist übrigens der, der am weitesten von dem unheilvollen Gerümpel entfernt ist.

Die sogenannte Besitzerin sitzt währenddessen auf mir herum und schimpft wie ein Rohrspatz. Zum Glück bin ich charakterstark und kann sie ganz prima ignorieren, während ich unser beider Leben rette. Trotz ihres Gemeckers. Ich finde das sehr nett und tolerant von mir.

Früher oder später hört sie eh mit dem Schimpfen auf. Meistens früher, weil sie vom Reiten außer Puste ist. Die Frau ist übrigens einer der wenigen Menschen, die man ständig ans Atmen erinnern muss, vor allem beim Reiten. Wenn es in der Reithalle schön ruhig ist, ist das ein sicheres Anzeichen dafür, dass die Frau mal wieder die Luft anhält.

Auch in solchen Momenten helfe ich gern und erinnere mich an Gegenstände, die zwar JETZT nicht mehr da sind, es aber vor einer Woche noch waren. Das kann nur eins bedeuten: sie haben sich versteckt und wollen mich überfallen.

Was auch die Frau zuverlässig wieder zum Luftschnappen bringt, weil sie dann für gewöhnlich gellende Schreie loslässt. Möglicherweise religiöser Natur, es kommt auf jeden Fall Himmelherrgott und Kruzifix drin vor. Aber Hauptsache, sie atmet wieder, gell. Bitteschön, gern geschehen.

Wenn ihr das mit dem Atmen und Rumplärren irgendwann zu viel wird, gibt es ein Alternativprogramm. Eins mit ganz viel Ruhe und Frieden und OMMMM. Oder wir gehen spazieren. Da kriegt sie zwar gleich wieder Blutdruck, aber es ist ja so herrlich, ganz allein in der Natur unterwegs zu sein und die Einsamkeit zu genießen. Also, theoretisch.

„HORSE WALKING HEISST DAS!!"

„Was machen wir eigentlich heute mit den Pferden?", erkundigt sich der Mann, während er und die sogenannte Besitzerin an uns herumstriegeln. Das spanische Mähnenwunder und ich stehen dabei auf der Stallgasse herum und verfolgen das Gespräch mehr oder weniger interessiert.

„Spazierengehen", entscheidet die sogenannte Besitzerin nach einem komplizierten Überlegungsprozess. Und verbessert sich rasch: „Horse Walking, meinte ich natürlich."

Horse Walking ist cool, Horse Walking ist neu und Horse Walking macht JEDER. Zumindest im geistigen Universum der Frau. Und möglicherweise habe ich mich letztens beim Ausreiten zu gut benommen und die Frau auf mögliche Gefahren aufmerksam gemacht, weshalb sie auch nach unserer Heimkehr längere Zeit beleidigt und schlecht gelaunt war. Wie gesagt, möglicherweise.

Außerdem sind wir ja noch in der Phase „Ich fange ein neues Leben an, mit mehr Bewegung und so", die hoffentlich bald aufhört. Vielleicht ist sie auch einfach aus ihrer Decke herausgewachsen und muss abnehmen, wie das spanische Mähnenwunder.

Ist aber egal, denn wir gehen RAUS und ich bin quasi nackt. Außer einem Hauch von Knotenhalfter trage ich nichts, also a) keinen Sattel und b) kein kleines dickes Frauchen, was schon mal sehr cool ist.

Strammen Schrittes marschieren wir in die Botanik, wo der Lutschi und ich direkt mal den Erdanker werfen, weil das Gras zu laut ruft. Der Mann nutzt die Gelegenheit für einige künstlerische Naturfotos und die Frau fletscht die Zähne und tut so, als würde sie lächeln. Und weil man hierzulande nie allein ist, steht auch prompt der erste Spaziergänger auf der Matte und erkundigt sich freundlich: „Warum gehen Sie denn spazieren? Pferde sind doch zum Reiten da!"

Also in erster Linie sind wir dazu da, unser Leben zu leben und uns nicht allzu sehr ärgern zu lassen, aber ich bin ja hier nur das Pferd und werde unterdrückt. Die Frau löst das Ganze überraschend diplomatisch, indem sie antwortet: „Also ich gehe spazieren, weil es mir Spaß macht. Und Sie?"

Während der Angesprochene noch nach einer Antwort sucht, geht es dann doch mit der Frau durch und sie kommt auf Betriebstemperatur. „Und übrigens heißt das nicht Spazierengehen, sondern Horse Walking und ist voll im Trend!", schimpft sie. „Und es ist eine anerkannte Sportart, jawohl!" Die sie sich im Zweifel gerade eben ausgedacht hat.

Der Spaziergänger wirft einen vorsichtigen Blick auf die wutschnaubende Frau, einen stirnrunzelnden auf uns – der Lutschi und ich betreiben gerade Landschaftspflege und essen alles, was grün ist – und einen mitleidigen auf den Mann und tritt hastig den Rückzug an.

Weiter geht's. Die Frau und der Mann zerren an unseren Köpfen herum, bis wir die Nasen vom Gras weg in Richtung Asphalt heben, wo vergleichsweise wenig wächst.

„Pferde sind ein Fernwanderwild und bewegen sich in der Natur viele Kilometer am Tag", doziert die Frau, die sich wieder beruhigt hat, und walkt dynamisch vor uns her.

Pferde sind auch Dauerfresser und können mit vollem Mund laufen, wenn man sie nur lässt, denke ich und schiele hungrig auf ein Grasbüschel am Wegesrand.

Da kommt auch schon der nächste Spaziergänger. „Sind die Pferde krank? Wieso gehen Sie denn spazieren und reiten nicht?", will er wissen.

Und zack, Blutdruck! „Sind sie nicht. Und außerdem

heißt das Horse Walking und ich mache das, weil ich es so will", antwortet die Frau unwirsch.

Im weiteren Verlauf bildet sich über dem Kopf der Frau eine gut sichtbare schwarze Wolke, die zumindest den nächsten Spaziergänger davon abhält, sich nach unserer Spazierengeh-Motivation zu erkundigen.

Meine ist übrigens nicht mehr vorhanden. Kaum hat man mal ein Grasbüschel erbeutet, schon zerrt einen die sogenannte Besitzerin weiter. Auch das spanische Mähnenwunder hat sich den Ausflug nahrhafter vorgestellt.

„Warum gehen Sie denn mit den Pferden spazieren? Die sind schon älter, oder? Und werden nicht mehr geritten." Der nächste Spaziergänger. Der Lutschi guckt erbarmungswürdig und bettelt ihn um Kekse an.

„Horse Walking heißt das! Und warum wir das machen, ist ganz allein unsere Sache!", faucht ihn die Frau an.

„Man wird doch wohl fragen dürfen", murmelt der ältere Herr und versucht, den Kopf vom Lutschi aus seiner Jackentasche zu entfernen.

„Nein!!", blökt die Frau, die gerade in Stimmung kommt und sich fragt, warum ihr denn partout jeder ins Spazierengehen reinquatschen will. Sonst kann sie ja gar nicht genug Aufmerksamkeit bekommen und führt sich auf wie die Queen höchstpersönlich, aber dieses Spazierengehen – pardon: Horse Walking – macht anscheinend schlechte Laune.

Egal. Sie grummelt vor sich hin und nötigt uns zum Weitergehen. Nein, der Mann darf auch keine Fotos mehr machen, weil die Frau Blutdruck hat und wie von Furien gehetzt durch die Landschaft prescht.

Endlich haben wir den Punkt der größten Entfernung vom Stall erreicht. Gottseidank. Ich bin ja Freizeitpferd, ich DARF gar keinen Sport treiben. Ab hier geht's nach Hause und wir haben es aufgrund widriger Umstände etwas eiliger als sonst. Zum einen, weil es im Stall ruhiger ist als hier draußen mit der wildgewordenen Frau, zum anderen dämmert es und die wilden Tiere kommen heraus, um uns zu fressen.

Der Lutschi weiß das nicht. Überhaupt ist er so unbeholfen in der freien Natur. Ich nutze deshalb die Gelegenheit und bringe ihm bei, dass es in der Dämmerung gefährlich ist, vor allem, wenn man ein zeterndes Frauchen dabeihat. Sowas lockt die Wölfe an.

Währenddessen blökt die Frau abwechselnd „Horse Walking heißt das!!" und „Nein!!", wenn sich Spaziergänger nähern und danach erkundigen, warum sie denn nicht reitet, sondern nebenherläuft.

Am Stall angekommen, wird erstmal mit hochrotem Kopf die Fitness-App vom Mann konsultiert und eine Spitzengeschwindigkeit von knapp sechs km/h festgestellt. Das war wahrscheinlich, als der Lutschi und ich unseren synchronen Ausfallschritt aufs Gras geübt haben. Ansonsten haben wir es eher gemütlich angehen lassen, schon wegen der ganzen Gespräche mit den Spaziergängern.

Die App ist kaputt, beschließt die Frau. Gefühlt war sie SEHR sportlich unterwegs. Und wenn es einer weiß, dann ja wohl sie. Die nächste Einheit Horse Walking findet übrigens demnächst in aller Herrgottsfrühe statt, wenn sich alle neugierigen Spaziergänger noch einmal gemütlich im Bett umdrehen. Mit anderen Worten: statt Frühstück! Neues Leben und so, ihr erinnert euch. Ich glaube, ich möchte die alte Frau zurück. Die war zwar auch kratzbürstig und komisch, aber nicht halb so seltsam wie das Energiebündel, das derzeit mit uns unterwegs ist. Mein einziger Trost: Gras to go.

Ich weiß ja nicht, wie das bei euch so ist, aber bei der sogenannten Besitzerin ist dieses Atmen ein Dauerthema.

Ich dachte immer, das passiert so halbwegs automatisch, aber das ist anscheinend nur beim Mann so. Ich habe das nämlich beobachtet und festgestellt, dass die Frau deutlich seltener atmet als ein durchschnittlicher Mann. Sie könnte also problemlos Astronaut oder Tiefseetaucher werden. Aber wenn sie dann mal nach Luft schnappt, muss sie gleich zetern, das ist wahrscheinlich beim Tauchen hinderlich. Also bleibt sie wohl beim Reiten.

A-TEM-LOS DURCH DIE REITSTUNDE

„Atmen!", ruft Frau Reitlehrerin gutgelaunt, während die Frau mit zusammengebissenen Zähnen und angehaltenem Atem auf mir herumschaukelt. „Aaaaaaatmen! Und lächeln!"

„Geht's noch?!", knirscht die sogenannte Besitzerin. Die wäre übrigens besser Apnoe-Taucherin als Reiterin geworden, wenn ihr mich fragt. Ich kenne keinen Menschen, der so lang ohne Luft auskommt. Geradezu unheimlich ist das.

„Durch die Nase ein- und durch den Mund ausatmen", flötet Frau Reitlehrerin, während die Frau langsam Blutdruck kriegt und böse Dinge murmelt, die sinngemäß darauf hinauslaufen, dass sie Piaffe reiten will und mit diesem Eso-Scheiß und der ganzen Atmerei nix am Hut hat, jawohl.

Aber Frau Reitlehrerin ist noch nicht fertig. „Denn wenn du deinen Unterkiefer entspannst und in den Bauch hineinatmest, entspannst du dich und der Pfridolin tut es auch. Im Moment seid ihr beide angespannt und gestresst. Das ist beim feinen Reiten hinderlich, und da wollen wir doch hin: Reiten mit minimalen Hilfen und aus dem Sitz heraus. Dafür brauchen wir aber die Losgelassenheit. Die ist die Basis für alles weitere, bis hin zur Piaffe."

Piaffe! Sie hat Piaffe gesagt! Endlich fühlt sich die Frau angesprochen und ernstgenommen und atmet mit Feuereifer ein und aus.

Frau Reitlehrerin erklärt: „Pferde spiegeln ihren Reiter und spiegeln so auch jede positive Körperspannung. Genau wie jede Verspannung. Mit der Atmung ist es dasselbe – Pferde synchronisieren sich mit der Atmung des Reiters. Wenn du also flach und verspannt atmest, tut es der Pfridolin auch. Deshalb ist es so wichtig, dass du in dir ruhst und in deinen Bauch hineinatmest. Ein und wieder aus."

Die Frau hat so fasziniert zugehört, dass sie aus Versehen wieder das Atmen vergessen hat.

„Und wieder ein", erinnert Frau Reitlehrerin.

Ach so, ja.

„Und wieder aus."

Frau Reitlehrerin sagt weiter an und so langsam bekommt die Frau den Bogen raus und kann jetzt sogar ohne Hilfestellung atmen. Auch ich schnaufe jetzt deutlich entspannter. Ich frage mich nur, wer ihr nach der Reitstunde beim Atmen vorsagt. Nicht dass meine kleine Dressur-Queen mit dem überlegenen Gehirn an Sauerstoffmangel eingeht. Krone der Schöpfung und so. Piaffe. Kannste dir nicht ausdenken, sowas.

Neben dem Dauerprojekt Atmen hat die Frau aber noch andere Pläne. Piaffe, klar. Aber da zeigt sich Frau Reitlehrerin ja so merkwürdig unkooperativ. Zum Glück hat die sogenannte Besitzerin immer zeitgleich eine Handvoll anderer unausgegorene Ideen am Start, die als Ersatz herhalten müssen. Und die meistens so umgesetzt werden, dass irgendwas in die Hose geht. Wobei das nicht immer ihre Schuld ist.

„DER TUT NIX, DER WILL NUR SPIELEN!"

„Der tut nix, der will nur spielen!", sagt die fremde Frau und guckt entspannt zu, wie sich ihr Hund samt Flexileine um meine Beine wickelt. Wir machen immer noch dieses Horse Walking, aber heute zu einer so unchristlichen Uhrzeit, dass außer uns nur die Hundebesitzer unterwegs sind.

Das ist schon mal eine Verbesserung gegenüber dem letzten Mal, wo uns am laufenden Band Spaziergänger verhört haben, warum denn nicht geritten wird. Die Frau, meine sogenannte Besitzerin, hat da immer aggressiv behauptet, Horse Walking wäre eine anerkannte Sportart, aber ich fürchte, das hat sie sich nur ausgedacht. Ist aber auch egal, Hauptsache, ich muss sie nicht schleppen. Und mit Sport habe ich es ja sowieso nicht so.

Das Projekt Horse Walking ist aber soeben zum Stillstand gekommen, weil sich ein lustiger Wauzi samt Leine um mich herumgewickelt hat. Und wenn mich nicht alles täuscht, will ihn die Frau jetzt fressen. Sie schnauft schon so komisch. „Und da wollen Sie jetzt nix gegen unternehmen?"

„Der Rüdiger ist ja noch jung, der muss das noch lernen", strahlt uns die Hundebesitzerin an.

„Kurze Info: wenn mein Pferd jetzt den Huf hebt, geht ihr Rüdiger in die ewigen Jagdgründe ein. Ich weiß aber nicht, ob er dadurch viel lernt."

Hastig wickelt die unverstandene Hundebesitzerin die Leine auf, was sich aber als schwierig erweist. Zum einen sind meine Beine im Weg und zum anderen kriegt der Hund gerade Atemnot. Rasch bückt sie sich und pflückt Rüdiger unter meinem Bauch weg, während sie böse Blicke auf die Frau wirft, die ihr gerade erklärt, was für eine erstaunliche Reichweite und Durchschlagskraft der durchschnittliche Pferdehuf hat.

Projekt Horse Walking kann weitergehen. Rasch wird noch das spanische Mähnenwunder aus der Botanik gepflückt, wohin es sich zurückgezogen hatte, um unter den toleranten Augen des Mannes ein wenig zu vespern. Und weiter geht's. Hungrig beäuge ich die nahrhaften Wegränder. Der Lutschi hat's gut, der hatte schon einen Snack. Ich bin immer noch ohne Frühstück und wünsche mir eine Flexileine.

Mein Magen knurrt.

Der vom Mann auch.

Schweigend treffen sich unsere Blicke. Ja, wir haben es schwer. Aber wenigstens sind wir nicht allein auf der Welt.

„Der tut nix, der will nur spielen!", hören wir aus großer Entfernung, als sich ein kalbsgroßes Exemplar von Hund quer durch den nächsten Acker nähert. Die daran befindliche bunte Schleppleine hat sich in diversen Ästen verhakt und bewegt sich auf unheimliche Art und Weise.

Der Lutschi und ich können uns nur durch eine überstürzte Flucht in Sicherheit bringen. Jetzt rennen alle: der Lutschi und ich, die Frau und der Mann, hinter uns her, der Hund, ebenfalls hinter uns her, und sein Frauchen, das der Schleppleine hinterherjagt, die sie anscheinend losgelassen hat. Nach langem hin und her, viel Gezeter und noch mehr Leckerli hat mich die Frau aber wieder am Bändel und teilt der Hundebesitzerin wütend mit: „Die Pferde haben Angst vor Hunden!"

„Das ist ja dann Ihr Problem", antwortet die Hundebesitzerin und krault ihr Kälbchen. „Da müssen Sie wohl noch viel üben, bis sie mit denen spazieren gehen können."

Die Frau knirscht mit den Zähnen und verliert kurzfristig die Contenance, wird aber so gerade eben noch vom Mann am Schlafittchen zurückgehalten: „Ruhig,

ruhig! Nicht die fremde Frau anspringen!"

Die fremde Frau ist sowieso jenseits von Gut und Böse und lässt ihr Kälbchen gerade auf den nächsten Acker laufen. Zum Glück haben der Lutschi und ich die kurze Pause für einen Snack genutzt und können jetzt weitergehen.

Die sogenannte Besitzerin möchte am liebsten ganz allein auf der Welt sein und hat schon keine Lust mehr auf Horse Walking. Was sie endgültig in ihrem Beschluss bestärkt, nie wieder spazieren zu gehen – pardon, Horse Walking zu betreiben – ist Waldi Nummer Drei. Beziehungsweise seine Besitzerin, die völlig paralysiert auf ihr Handy starrt und keinerlei Außenreize mehr wahrnimmt. Praktischerweise hat sie Waldi an einer Flexileine, so muss sie sich um den schon mal nicht mehr kümmern.

„Hihi. Wie bei uns im Stall beim Schritt reiten", bemerkt die Frau arglos, die sowas schon oft beobachtet hat.

„Der tut nix, der will nur spielen", formuliert der Mann optimistisch und beobachtet Waldi scharf. Nach den Ereignissen des Morgens verständlich.

Der Lutschi und ich tun es ihm gleich.

Im nächsten Moment passieren verschiedene Dinge zur gleichen Zeit: die Hundebesitzerin stolpert und legt sich lang. Dabei lässt sie die Flexileine los. Die will sich arretieren, sprich: das Kästchen mit dem Aufrollmechanismus bewegt sich zügig auf Waldi zu, der davor weglaufen will, aber das Gehäuse schließlich von hinten an den Kopf kriegt. Auch hier warten der Lutschi und ich nicht auf unseren Untergang, sondern ergreifen aktiv die Flucht, und zwar bis zum übernächsten Grasbüschel, wo uns der Mann stellt. Die Frau schnappt sich in der Zwischenzeit das Hundchen, das dadurch so perplex ist, dass es in Schockstarre fällt. Wenigstens rappelt sich aber jetzt seine Besitzerin auf und klagt: „Was haben sie mit meinem Hund gemacht????"

Und das ist der Punkt, wo das Projekt Horse Walking endgültig und dauerhaft versenkt wird. Mit viel Glück kommt die Frau um eine Anzeige wegen Beleidigung herum und der Lutschi und ich können in Zukunft wieder frühstücken, bevor wir den Stall verlassen. Also gar nicht so schlecht eigentlich, wenn ihr mich fragt.

Das war also Horse Walking. Kommen wir nun zum nächsten Projekt, das aber noch nicht für die Öffentlichkeit bestimmt ist. Es hat mit Adel, Ausdauer und Intelligenz zu tun, aber davon ist die sogenannte Besitzerin ja eigentlich nicht betroffen. Weshalb sie sich diese Eigenschaften in Pferdeform zulegen will.

DAS ARABISCHE SEELENPFERD

Die Frau hat einen Plan. Also nicht so einen, den alle kennen und den man nach und nach in die Realität umsetzt. Nein, es ist ein Geheimplan. Von dem aber hauptsächlich der Mann nichts wissen darf. Ihre aktuell beste Freundin dagegen schon.

„Guck mal, hier! Und hier! Voll süß, oder? Und den bilde ich mir dann selbst aus", höre ich sie gerade auf der Stallgasse mit Heinzis Besitzerin sprechen.

Heinzis Besitzerin ist, ihr ahnt es schon, ~~die aktuelle Favoritin~~ besagte beste Freundin.

„Ein Araber, davon habe ich immer geträumt. Die haben so viel Adel, und intelligent sind sie auch. Und gar nicht teuer." Wieder hält sie Frau Heinzi ihr Handy mit einer Verkaufsanzeige unter die Nase.

„Sheikh Habibi. Der ist aber schon zehn", liest Frau Heinzi.

„Ja, aber Araber sind ja spätreif. Und der kann noch nix", erwidert meine sogenannte Besitzerin. „Ist aber sooooo klug und sensibel. Und dem Menschen zugetan."

„Aber trotzdem… Selbst ausbilden? Meinst du, du kannst das?"

„Natürlich", fegt die Frau etwaige Einwände weg. „Schließlich hab ich ja auch den Lutschi selbst ausgebildet."

Sie spielt damit auf unser spanisches Mähnenwunder an, das erstens schon woanders die Pferde-Grundschule besucht hat und zweitens danach von unserer Frau Reitlehrerin weiter ausgebildet wurde. Und von der Frau nicht BEritten wurde, sondern höchstens VERritten.

„Sheikh Habibi. Hach. Ich weiß auch schon genau, wie

ich das mache", fährt sie in schwärmerischem Tonfall fort. „Und zwar nicht nach Schema F, sondern ganz intuitiv."

Damit meint sie wahrscheinlich eine ganz ausgefuchste und individuelle Kommunikation, bei der das arabische Seelenpferd auf Signale konditioniert wird, von denen die Frau gar nicht weiß, dass sie gerade welche gibt. Oder es sind so fantasievolle Zeichen, dass sie kein Mensch außer ihr verwendet. Ist dann halt blöd, wenn man in seinem Zeichensalat durcheinanderkommt und bremsen will und der kluge und sensible Araber das Stimmkommando als Galopphilfe interpretiert. Weil man ja so individuell ausbildet und das Pferd nur auf einen selbst hören soll.

„Überhaupt, Galopp. Die Araber sind ja auch so ausdauernd, ich glaube, ich werde Distanzreiter. Das ist auch toll und sieht so abenteuerlich aus", steigert sich die Frau in einen kompletten Realitätsverlust hinein.

Wenn also Sheikh Habibi demnächst mit der Frau fünfzig Kilometer durch den nächsten Wald knattert und ihre Angstschreie als Beschleunigungsrufe interpretiert, kann das noch lustig werden. Hoffentlich muss ich dann nicht mit dem Mann los, Reste einsammeln. Ich bin Freizeitpferd, ich DARF mich gar nicht anstrengen.

Aber die Frau ist noch nicht fertig mit der Planung. „Sheikh Habibi, das ist mein Seelenpferd", sinniert sie gerade. „Da spüre ich eine ganz starke Verbundenheit, obwohl ich ihn nur aus dem Internet kenne. Verrückt, oder? Irgendwie magisch."

Nein, nur verrückt, denke ich. Aber ich bin ja hier nur das Pferd und werde für gewöhnlich unterdrückt.

Heinzis Besitzerin sieht sie mit großen Augen an und findet das auch magisch. „Ich krieg Gänsehaut, hier, guck mal!"

Hach. Die sogenannte Besitzerin schnieft gerührt, weil Frau Heinzi emotional voll mitgeht.

Aber Frau Heinzi hat noch eine Frage: „Was machst du

denn mit dem Pfridolin und mit dem Lutschi?"

„Da kommen Reitbeteiligungen drauf", antwortet unsere sogenannte Besitzerin ungerührt. „Dann kommen die Kosten wieder rein. Und ich kriege mein Seeeeelenpferd und werde Distanzreiterin!"

„Hast du das denn schon mal gemacht?", fragt Frau Heinzi mit tellergroßen Augen.

„Nein, aber ich spüre, dass das genau meins ist", sagt die Frau, die sich sonst erst an den Beruhigungskräutern in der Futterkammer vergreift, bevor sie sich ins Gelände wagt.

„Hier steckst du!" Gutgelaunt kommt der Mann dazu. „Sollen wir heute mal einen schönen, langen Ausritt machen? Der Boden ist trocken, da können wir bestimmt viel galoppieren!"

„Oh. Ah." Die Frau windet sich wie meine Boxennachbarin Else beim Putzen. „Ich glaube, es sieht nach Regen aus!"

Und außerdem sind die Beruhigungskräuter alle, wetten?

„Knallblauer Himmel, keine Wolke in Sicht – ich glaube, es bleibt trocken", strahlt der Mann mit der Sonne um die Wette.

„Oh. Ah. Vielleicht doch lieber morgen, ich habe heute nicht so viel Zeit", fällt der Frau als letzte Ausrede ein.

Oder vielleicht am liebsten nie. Distanzritte. Fünfzig Kilometer durch die Pampa. Ja nee, is klar.

Aber egal, wenn Sheikh Habibi erst mal da ist, klappt das wie am Schnürchen und von ganz alleine. Erst müssen aber Reitbeteiligungen her, damit dieser kluge und gut durchdachte Plan auch aufgehen kann. Woher kriegt man die? Man fantasiert sich einen Anzeigentext zusammen und setzt ihn in die gängigen Kleinanzeigen - Portale im Internet.

DIE REITBETEILIGUNG

Die sogenannte Besitzerin will ja Distanz-reiterin werden, aber heimlich. Wie genau das ablaufen soll, bleibt vorerst ihr Geheimnis. Ihr hat aber gedämmert, dass es aus organisatorischen und anderen Gründen günstig wäre, erstmal eine Reitbeteiligung für mich und/oder den Lutschi zu finden. Wer ihn nicht kennt: Der Lutschi ist unser spanisches Mähnenwunder und benötigt seine Gehirnzellen ausnahmslos fürs Mähnenwachstum. Nutzt ihm aber nix, er ist jetzt auch in Kleinanzeigen.de.

Wie man sich da fühlt – erst ist man das Augäpfelchen und dann wird man auf dem Sklavenmarkt feilgeboten, damit irgend so ein feiner Herr Araber bei uns einziehen und mit der Frau durchs Gelände brettern kann. Wieviel von den Beruhigungskräutern aus der Futterkammer will die eigentlich noch essen? Und wer hätte gedacht, dass ihr aktuelles Lebensziel nicht Dressur-Queen und Piaffe ist, sondern verwegene Distanzreiterin und Knallgas?

Andererseits ändert die Frau spätestens alle fünf Minuten ihre Meinung, von daher bleibt es spannend. Aber im Moment sind der Lutschi und ich auf besagtem Sklavenmarkt und es kommen fremde Leute, um uns kennenzulernen.

Nicht viele allerdings, die meisten hat die Suchanzeige der Frau eher abgeschreckt als angelockt. Zumindest vermute ich das, denn das aktuelle Exemplar, das mich besichtigen darf und somit die ersten beiden Prüfungen bestanden hat, flüstert mir zu: „Soooo schwierig siehst du doch gar nicht aus."

Bin ich auch nicht, aber meine sogenannte Besitzerin hat halt wenig Plan, gell.

Im Gegensatz zu Hannah, die nett und gefühlvoll mit mir umgeht. Bestimmt vertragen wir uns gut. Was mir auch gut an ihr gefällt: Sie behandelt mich wie ein intelligentes Wesen. Und das Beste: sie hat die Taschen voller Leckerli! Ich verfalle kurzfristig in Ekstase. Das ist auch der sogenannten Besitzerin aufgefallen, denn sie nickt huldvoll. Zum Zeichen, dass Hannah zum Fremdreitertest zugelassen ist.

Also wird geputzt und dann gesattelt. Hannah findet beim Putzen auch gleich die Stellen, wo es doll juckt und wo es mir unangenehm ist. Wegen mir kann die bleiben, da tausche ich die Frau gern gegen ein.

Auch beim Reiten stellt sie sich geschickt an. Die sogenannte Besitzerin steht währenddessen in der Mitte und fühlt sich wichtig, weil sie ja Reitunterricht gibt.

„Wenn ihn jemand das erste Mal reitet, will er alles richtig machen. Das lässt aber später nach", blökt sie.

Sehr charmant, oder? Ich finde das rufschädigend.

Hannah lächelt freundlich und wir machen ein bisschen Stretching im Schritt und Trab. Dabei finden wir heraus, dass wir uns gut verstehen.

„So schön geht er bei dir nicht, oder?", flüstert der Mann, der sich dazugesellt hat, der sogenannten Besitzerin ins Ohr. Und zack, sowas von schlechte Laune.

Was die Frau aber nicht zugeben will. „Perfekt ist sie nicht, da kann man schon noch an einigem feilen", wehrt sie ab.

Welche Schmach, wenn die angehende Reitbeteiligung besser reitet als die Dressur-Queen! Andererseits, überlegt die Frau weiter, wird sie jetzt Endurance-Profi, mit Knallgas über fünfzig Kilometer. Für das geplante arabische Seelenpferd muss man auch Opfer bringen, findet sie und fühlt sich heldinnenhaft. Denn sie weiß genau: Sheikh Habibi wartet auf sie, und das ganz große Abenteuer gleich mit.

Der Lutschi und ich haben uns jetzt an das Leben auf dem Sklavenmarkt gewöhnt. Ich finde Hannah sehr nett, und der Lutschi soll erstmal schwerpunktmäßig vom Mann bespaßt werden. Der ist ja auch irgendwie erziehungsberechtigt, finde ich. Also soweit alles entspannt.

Umso größer ist mein Entsetzen, als die Frau am nächsten Tag doch wieder mit Dressursattel auf der Matte steht und Lektionen reiten will. Hallo?! Ich bin Freizeitpferd, ich DARF gar nicht arbeiten!

Zum Glück kommt Frau Reitlehrerin dazu und bewahrt mich vor dem Schlimmsten. Und nach und nach und mit viel Mimimi rückt die Frau auch mit der Geschichte heraus, warum sie jetzt doch keine Distanzreiterin werden will.

Sheikh Habibi hat sie zur Begrüßung in den Finger gezwickt und sich ansonsten auch sehr unseelenpferdehaft verhalten, vor allem beim Reiten. Und vor allem im Galopp, der sehr schnell geriet. Sehr, sehr schnell. Und die Bremse hat auch nicht so gut funktioniert. „Le-bens-ge-fährlich", sagt die Frau und erbleicht, als sie die besonders schrecklichen Momente des Probereitens vor ihrem inneren Auge wiedererlebt. Dann schüttelt sie sich kurz und sagt: „Ich habe mir überlegt, dass ich doch lieber Dressurreiterin bleibe, das kann ich wenigstens."

~~Brüllendes Gelächter.~~ Höfliches Schweigen, dank eiserner Selbstbeherrschung.

Frau Reitlehrerin nickt diplomatisch. „Beim Pfridolin weißt du wenigstens, was du hast. Und beim Lutschi auch."

Die Frau nickt und lächelt süßsäuerlich.

„Und du weißt ja: Dein Traumpferd ist das Produkt deiner Ausbildung, das bildest du dir über die Jahre selbst aus."

Die Frau seufzt abgrundtief. „Ja eben, das ist ja das

Problem", antwortet sie leise.

Aber Frau Reitlehrerin hat einen Master in Diplomatie und allgemeiner Nettigkeit und ergänzt: „Und wenn du mal überlegst, was ihr alles schon geschafft habt, dann ist das doch ganz ordentlich. Je weiter man kommt, desto mehr merkt man, was man alles noch lernen muss. Reiten lernen ist ein lebenslanger Prozess."

Amen, denke ich.

Und dann seufzt die Frau nochmal und die Reitstunde geht weiter. Sehr angenehm, wenn die mal nicht so auf Krawall gebürstet ist. Hoffentlich hält das an.

Wir haben jetzt übrigens auch ein neues Leben, der Lutschi und ich. Ist ganz cool und viel besser als dieses Kringelreiten und das dauernde Rumgenöle von wegen Piaffe hier, Pirouette da. Das Leben ist halt kein Wunschkonzert, jedenfalls nicht für die sogenannte Besitzerin. Denn zwischen ihr und ihren neurotischen Träumen steht immer noch die Realität, und darin kommt die Kombi Frau – Reitkunst nicht vor. Leider nein, leider gar nicht. Aber natürlich hat die sogenannte Besitzerin immer noch diverse lustige Ideen in ihrem – nennen wir es mal Gehirn. Manche davon sind gut. Im Moment üben wir zum Beispiel ganz chillig Kunststücke ein und gucken der Frau dabei zu, wie sie sich zum Affen macht. Zusätzlich gibt es Snacks. Ist auch mal schön.

EINE ÜBUNG NAMENS KONTINENT. ODER SO ÄHNLICH.

Wir machen jetzt Möhren-Essen auf dem Reitplatz. Die sogenannte Besitzerin nennt es Zirzensik und fühlt sich unbeschreiblich wichtig. Das spanische Mähnenwunder und ich sagen „Snack" dazu und finden es auch gut. Im Wesentlichen stehen wir rum und die Frau wedelt mit Karotten, wobei sie sich lustig verrenkt. Im Moment steckt sie dem Lutschi von hinten nach vorn eine Möhre zwischen den Vorderbeinen durch, woraufhin der hektische Schnappbewegungen macht und versucht, die Möhre mitsamt Hand zu erwischen.

Zuerst habe ich gedacht, die Übung heißt Krokodil, aber dann hat die Frau dem Mann erklärt, dass das Kontinent heißt. Oder so ähnlich, ich kann mir ja nicht alles merken. Vielleicht war es auch Kontinenz? Irgendwas mit K halt. Wobei – wir haben es hier mit der sogenannten Besitzerin und den Stimmen in ihrem Kopf zu tun, da heißt es wahrscheinlich Kompromiss.

Auf jeden Fall soll sich der Lutschi später auf ein Karpalgelenk abstützen, das andere Vorderbein nach vorn gestreckt lassen und den Hintern in die Luft strecken. So ähnlich wie auf dem Paddock, wenn wir uns in die Vorderbeine zwicken und einer kurz vor dem Umfallen ist.

Das wäre wohl ästhetisch und eine wertvolle Übung für Wasauchimmer, hat die Frau in ihren Wendyheften gelesen. Und wenn die Wendyhefte so was sagen – und die Stimmen in ihrem Kopf auch – , dann muss man das auch tun. Sie wollte sich ja sowieso mehr bewegen, mit Gymnastik und so, da passt das ganz gut. Denn merkwürdigerweise ist sie immer noch ein wenig, ahem, hüftsteif, was sich komischerweise nicht von allein gebessert hat.

Im Moment macht sie Stretching und versucht gleichzeitig, dem Lutschi einen Vorderhuf hochzuheben und seinen Schädel mittels einer neuen Möhre nach unten zu locken. In der Hoffnung, dass der restliche Körper dann mitkommt und der Lutschi einen artigen Knicks macht.

„Ich weiß gar nicht, warum das so schwierig ist", ruft sie dem Mann zu. „In meinen Pferdezeitschriften sieht es viel einfacher aus!"

Möglicherweise liegt das daran, dass die Leute in den Zeitschriften wissen, was sie tun, denke ich mir, während der Lutschi Kopfstand macht und die Möhre sucht.

„Muss der sich so verrenken?", fragt der Mann.

Das fragst du die Frau? Ich ziehe die Augenbrauen hoch. Also gedanklich.

Die Frau hat währenddessen festgestellt, dass sie auch in Sachen Kontinent oder wie das heißt ein Naturtalent ist und teilt das dem Mann, diesem elenden Zweifler, in wohlgesetzten Worten mit. Unter anderem geht es in ihrem Redebeitrag darum, dass der Lutschi und sie eine ganzheitliche Erfahrung und Körperwahrnehmung hatten und dass das ein wichtiger Lernschritt ist, jawohl. Der Lutschi macht immer noch Kopfstand und frisst dabei ganzheitlich die Möhre, womit diese beiden Tätigkeiten jetzt und für alle Zeit miteinander verknüpft sind.

Als der Lutschi später, am Putzplatz, beim Hufe auskratzen unaufgefordert sein neues Kunststück zeigt und Frau Reitlehrerin zufällig danebensteht, zieht die ganz damenhaft die Augenbrauen hoch und guckt die sogenannte Besitzerin fragend an.

„Wir machen jetzt Zirzensik und er ist ja soooo motiviert", strahlt die.

„Motivation ist toll", lächelt Frau Reitlehrerin ihr pädagogisches Lächeln. „Aber muss er das unbedingt hier, auf dem harten Boden zeigen? Und was ist das überhaupt – Kopfstand?"

Und zack, schlechte Stimmung. Nichts verdirbt der Frau zuverlässiger die Laune als wenn man ihre Dressurakte nicht gleich richtig erkennt.

„Kompliment ist das", faucht sie.

„Oh, ach so", lächelt Frau Reitlehrerin ungerührt weiter. „Ich würde dafür erstmal ein Signal implementieren, damit der Lutschi genau weiß, wann er sein Kunststück zeigen soll und wann nicht. Also das Wort Kompliment, zum Beispiel."

Die sogenannte Besitzerin schnauft. Ob vor Freude oder aus einem anderen Grund, kann ich nicht genau erkennen.

„Und dann" – Frau Reitlehrerin lächelt immer noch ihr unzerstörbares Teflon-Lächeln –„würde ich in dem Moment, wo er vorn runterkommt, den Kopf nach vorne führen, damit er keinen Kopfstand macht. Das ist nämlich eher unphysiologisch. Überhaupt sollte man die Pferde vor solchen Übungen immer gut aufwärmen, sonst kann der Bewegungsapparat Schaden nehmen, aber das hast du ja sicher getan."

„Klar", lügt die Frau.

„Aber abgesehen davon ist das Kompliment – richtig ausgeführt – eine wertvolle gymnastische Übung, durch die der Rücken aufgewölbt und gedehnt wird und zudem die Schulterfreiheit gefördert wird. Zusätzlich ist es eine Übung, die dem Lutschi zu mehr Balance verhilft. Also gleichzeitig eine Übung für mehr Koordination und auch für mehr Vertrauen." Frau Reitlehrerin lächelt und schlendert weiter.

Der Lutschi hat mittlerweile gemerkt, dass es am Anbinder keine Möhre gibt und hat sich aus seinem Kopfstand wieder hochgerappelt. Und die Frau lässt sich das Gesagte nochmal durch den Kopf gehen und wächst dabei um mindestens einen Meter, denn jetzt weiß sie erst, was für einen wichtigen Beitrag zum Pferdetraining sie und ihre ~~Wendyhefte~~ Pferdezeitschriften leisten. Wo sie doch jetzt Sachverständige für Zirzensik und mindestens Freiheitsdressur ist.

Und das Beste: Sie ist die Einzige bei uns im Stall, die solche Dinge tut. Damit ist man automatisch Experte, weil keiner weiß, ob man es richtig oder falsch macht. Die Frau achtet nur sorgfältig darauf, dass Frau Reitlehrerin nicht zuguckt, denn die kennt sich blöderweise mit allem aus, was Pferde betrifft.

JAJA HEISST LECK MICH AM ARSCH

Unsere selbsternannte Zirzensik-Expertin hat Großes vor. Das spanische Mähnenwunder durfte sich ja schon ausgiebig mit dem Kontinent oder wie das heißt beschäftigen, jetzt bin ich dran.

„Sag mal Ja!", fordert die sogenannte Besitzerin und guckt mich streng an.

Unter uns: Dieses Reiten wird total überbewertet, ich finde Rumstehen und Möhren essen viel angenehmer. Warum die Frau das Zirzensik nennt, ist mir nicht ganz klar. Macht aber nix. Ich gucke niedlich und überlege, wo sie wohl die Möhre versteckt hat.

„Sag mal JA!!", wiederholt die Frau, diesmal etwas lauter.

Witzig, dass sie immer denkt, ich hätte sie akustisch nicht verstanden. Ich sehe aber keinen Grund, von meiner bisherigen Taktik abzuweichen und gucke weiterhin niedlich.

„Ach, ihr übt Stillstehen? Das klappt ja gut!", ruft Frau Reitlehrerin, die entspannt am Reitplatz vorbeischlendert.

Die Frau knirscht mit den Zähnen, antwortet aber nicht, was ich überraschend pfiffig von ihr finde. Frau Reitlehrerin schüttelt den Kopf, geht aber weiter.

Wusstet ihr, dass es jetzt schon Fliegen gibt? Doch, wirklich. Eine sitzt mir im Ohr. Ich schüttele ebenfalls den Kopf.

„Nein!", gellt die Zirzensik-Expertin. „Du sollst ja sagen!"

Ja was denn nun? Ich bin verwirrt. Die Fliege ist aber immer noch da. Schüttel, schüttel.

„Nein, nein", kommentiert die Frau. „Sag ja!"

Ich finde, sie sollte sich langsam mal entscheiden, was sie

will.

„Wird das jetzt noch was oder nicht", murmelt die Frau und ändert ihre Vorgehensweise, was ich ebenfalls überraschend pfiffig finde. Diesmal verbeugt sie sich mit großer Geste und führt dabei den ausgestreckten Arm nach oben und unten, nachdem sie umständlich eine Möhre aus der Jackentasche gekramt hat.

Von Leckerli ist sie nach diversen Experimenten mit dem Lutschi abgekommen, weil bei einer Möhre der Abstand zwischen hungrigem Pferdemaul und saftigen Fingern größer ist als beim kleinen Leckerli. Aber ich schweife ab.

Die Möhre sehen und erjagen ist eins, da bin ich wie ein Tiger. „Brav", murmelt die Frau und tut so, als hätte sie alles unter Kontrolle.

Man braucht auch ein Kommando, fällt ihr dann ein. Stichwort Signalkontrolle und so. Frau Reitlehrerin hatte letztens noch nachdrücklich darauf hingewiesen, wie wichtig es ist, feste Signale zu etablieren. Und darauf zu achten, dass es – im Fall von Stimmkommandos – keine Wörter sind, die man aus Versehen ungewollt benutzt. Wie zum Beispiel „Ja".

Das wäre jetzt wahrscheinlich blöd, denkt die Frau in einem seltenen Augenblick der Selbsterkenntnis. Aber was soll sie nehmen? Sie muss es sich ja auch merken können. Damit wären Wurstbrot und Desoxyribonukleinsäure ebenfalls vom Tisch.

Ach und Weh. Das Leben ist grausam schwer. Und wer ist daran schuld? Ich. Und der Mann, natürlich. Der jetzt zum Reitplatz kommt, um neue Möhren zu liefern, da der Vorrat aus der Jackentasche bei unseren Übungen verbraucht wurde. Mittlerweile klappt das mit dem automatischen Refill ganz gut. Die Frau wackelt mit dem frisch bestückten Karottenarm, ich nicke herzhaft und schnappe mir die Möhre.

„Das sieht aber gut aus", äußert er dann auch bewundernd.

Die Frau lächelt bescheiden. „Ich bin halt ein Naturtalent, die Arbeit mit Tieren liegt mir einfach."

„Jaja", antwortet der Mann geistesabwesend.

„Jaja heißt Leck mich am Arsch." Die Frau ist empört.

Da ist doch die blöde Fliege wieder und beißt mich in die Brust. Ich nicke heftig. Die Fliege haut ab.

Der Mann kichert. Ich weiß gar nicht, was es da zu lachen gibt? Frechheit.

„Ahem." Die ~~Dompteuse~~ Frau räuspert sich und guckt streng. Ab jetzt verbeißt sich der Mann das Lachen und bemüht sich um eine diplomatische und hilfsbereite Ausstrahlung. „Ja, mein Schatz?", erkundigt er sich nach den aktuellen Wünschen seiner Liebsten.

„Also erstens brauche ich mehr Möhren." Gute Idee. „Und zweitens brauche ich ein Kommando. Ein ungewöhnliches Wort, das ich mir gut merken kann. Und es darf nicht Ja oder Nein sein." Kurze Pause, die sie mit einem scheelen Blick kombiniert. „Oder Jaja."

Diese kleine Spitze ignoriert der Mann, denn er fürchtet sich nicht vor der Frau. Im Gegensatz zum Lutschi oder mir. Er schlägt vor: „Wie wäre es mit Si und No?"

Die Frau ist begeistert. Viele Möhren später haben wir uns darauf geeinigt, dass ich bei Si mit dem Kopf nicke und bei No selbigen schüttele. Ansonsten steckt sie mir nämlich den Finger ins Ohr. Ich weiß aber noch nicht, ob ich dauerhaft so viele Möhren mag. Äpfel wären auch schön, wegen der Abwechslung. Aber egal. Die Frau ist begeistert und schwebt in anderen Sphären. Sie sieht sich schon bei der nächsten Hop Top Show auftreten. Mindestens.

Jaja.

SPANISCHER SCHRITT. OLÉ UND SO.

Si und No klappen so halbwegs, auf zu neuen Zielen. Das neueste Projekt der sogenannten Besitzerin: wir sollen Spanischen Schritt lernen.

Jetzt sollte man doch eigentlich meinen, dass der Lutschi, was ja unser spanisches Mähnenwunder ist, den schon quasi eingebaut hat, als Zusatzausstattung. Aber weit gefehlt. Der Lutschi ist froh, wenn er unfallfrei deutschen Schritt, Trab und Galopp absolviert, mit ausländischen Gangarten hält er sich nicht auf.

Nichtsdestotrotz hat die Frau diesbezüglich einen ungesunden Ehrgeiz entwickelt und es muss jetzt unbedingt Spanischer Schritt sein. Weil, so ihre Begründung, der ganz toll für die Schulterfreiheit ist und weil – und jetzt haltet euch fest – man den für die Passage braucht. Passage. Ja, genauso habe ich auch geguckt. Von Piaffe sind wir meilenweit entfernt, aber wir planen Passage. Finde den Fehler.

Gerade steht sie wieder vor dem Lutschi herum und zeigt auf das Vorderbein, mit dem er waagerecht nach vorn raustreten soll. So jedenfalls ihr Plan. Dem Lutschi sind solche Bewegungsideen gänzlich fremd. Der beobachtet ihre Taschen und hat Speichelfluss, weil er an die Möhren will und nicht weiß, wie. Zum Glück kommt Frau Reitlehrerin vorbei. Es ist geradezu unheimlich, wie die es immer schafft, da aufzutauchen, wo es interessant ist.

„Was macht ihr denn da Schönes?", erkundigt sie sich bei der sogenannten Besitzerin.

„Wir üben Spanischen Schritt", antwortet die ganz wichtig.

„Spanischer Schritt ist toll für die Schulterfreiheit", lobt Frau Reitlehrerin. Die sogenannte Besitzerin wächst um mindestens einen Meter. „Und auch für die Passage", ergänzt Frau Reitlehrerin und die Frau verliert jegliche Bodenhaftung. Passage! Sie hat Passage gesagt!

Aber Frau Reitlehrerin ist noch nicht fertig. „Wenn du dich seitlich vom Lutschi hinstellst und nicht direkt davor, versteht er bestimmt besser, was er tun soll. Du tippst das Bein an und belohnst jedes Anheben. Wenn er verstanden hat, was er tun soll, kannst du im Stand ausdrucksvolleres Anheben verlangen und dann das Ganze in der Bewegung abfragen. Als Signalwort kannst du zum Beispiel Paso nehmen, das ist ein seltenes Wort, das man eigentlich nicht aus Versehen verwendet. Weil das ja ungeschickt wäre, wenn der Lutschi im falschen Moment nach vorn raustritt."

„Nicht Olé? Ich finde Olé auch schön."

„Wegen mir auch Olé", nickt Frau Reitlehrerin tapfer.

Worauf sich die sogenannte Besitzerin wieder direkt vor dem Lutschi aufbaut und „Olé!" ruft.

Ein schönes Bild, oder? Ich glaube, sogar Frau Reitlehrerin muss ein bisschen lachen. Sie ist aber sofort wieder hochprofessionell und sortiert die Frau von Neuem neben den Lutschi, sagt „Olé!", tippt mit der Gerte ganz leicht auf seinem Bein herum, bis er es kurz vom Boden abhebt und lobt ihn überschwänglich.

Ach. Das ist ja einfach. Das will ich auch, denkt die Frau und tippt ebenfalls mit der Gerte aufs Bein, wozu sie „Olé!" blökt.

Der Lutschi denkt scharf nach. Ich kenne das, das kann dauern. Der Frau dauert es zu lange und sie haut fester auf sein Bein. „Der ist aber stur", beklagt sie sich.

„Der weiß nur nicht, was er tun soll", erklärt Frau Reitlehrerin. „Wenn du ihn fester schlägst, führt das nicht dazu, dass er dich besser versteht. Ganz im Gegenteil, er wird dann unsicher und hektisch oder sogar böse."

„Und was soll ich stattdessen tun?", fragt die Frau, nun schon leicht ungehalten. „Bei dir hat er es ja auch gemacht. Der kann das schon, der will nur nicht."

„Ich habe ihn mit der Gerte gekitzelt und eine lästige Fliege simuliert, daraufhin hat der Lutschi reflexartig das Bein gehoben. Wenn du ihn dann lobst und das Ganze mit dem Signalwort Olé kombinierst, hat er nach ein paar Wiederholungen verstanden, worum es geht."

Aha. Die Frau guckt mürrisch. Warum muss immer alles so kompliziert sein? Und warum wird sie immer von Frau Reitlehrerin dabei erwischt, wenn irgendwas nicht klappt? Wenn's mal klappt, guckt natürlich keiner.

Dem Lutschi sind solche komplizierten Gedanken fremd. Er freut sich, dass Frau Reitlehrerin da ist und dass sie weiß, was sie tut. Als die Gerte sein Bein kitzelt, hebt er es und freut sich wie Bolle über die Möhre, die die Frau zeitgleich in ihn hineinstopft.

„Gutes Timing!", lobt Frau Reitlehrerin. „Beim nächsten Mal sagst du Olé, damit er das Stimmkommando mit der Bewegung verbindet."

An was man alles denken muss! Die sogenannte Besitzerin verdreht die Augen. Um abzulenken, fragt sie: „Und wenn er das kann, wie geht es dann weiter?"

„Dann erklärst du ihm, dass er das andere Bein genauso heben kann", erklärt Frau Reitlehrerin mit einem strahlenden Lächeln.

„Ich wollte da eigentlich kein Studium draus machen, das muss doch auch schneller gehen", grummelt die Frau, was Frau Reitlehrerin mit „Es dauert so lange, wie es dauert!" quittiert und dabei zum Aus-der-Haut-fahren entspannt guckt. Woraufhin die Frau spontan Blutdruck kriegt. Als sie sich wieder abgeregt hat, fragt sie: „Und dann?"

„Dann übst du die Polka. Dafür muss er ein Bein heben,

mit den Hinterbeinen zwei Schritte machen und das andere Vorderbein ausstrecken."

Ach du liebes Bisschen. So kompliziert hatte sich die Frau das nicht vorgestellt. „Ich will doch nur Spanischen Schritt reiten", wendet sie ein.

„Und der Lutschi muss erstmal verstehen, was du von ihm willst. Beim Spanischen Schritt vergessen viele Pferde die Hinterhand. Die strecken die Vorderbeine aus und lassen die Hinterbeine stehen. Deshalb ist die Polka der nächste wichtige Schritt. Wenn der Lutschi die neue Bewegungsabfolge beherrscht, kannst du dann bei jedem Schritt das Strecken der Vorderbeine verlangen, und dann zeige ich dir, wie das vom Sattel aus funktioniert."

OMG. Die Frau ist selig. „Und dann zieh ich mir ein langes Kleid an und der Mann macht schöne Fotos", verkündet sie. „Und danach reite ich Passage."

Und vielleicht denkt sie sogar daran, sich seitlich neben den Lutschi zu stellen, wenn der die Vorderbeine ausstrecken soll. Im Moment steht sie wieder genau vor ihm. Olé!

Und wenn wir gerade nicht spanisch rumstehen und dabei Möhren essen, findet uns die sogenannte Besitzerin sagenhaft wild und kompliziert. Andere haben's gut, die haben herrlich unkomplizierte Pferde, die alles von allein machen. Frau Reitlehrerin zum Beispiel. Was hat die auch immer für ein Glück, denkt die Frau neidisch.

MIT DEINEM PFERD IST DAS JA TOTAL EINFACH

„Gibst du wohl den Huf!"

Die sogenannte Besitzerin zerrt an meinem Vorderbein. Ich habe beschlossen, heute mal meine standhafte, wenn auch verspielte Seite zu zeigen und stehe wie eine deutsche Eiche. Außer, wenn ich meinen Anbindestrick aufknote. Dann gehe ich weg. Aber eins nach dem anderen.

„Los jetzt, hoch mit dem Huf!"

Ich habe heute leider keinen Huf für dich.

Wie jetzt? Man kann förmlich sehen, wie es in der Frau arbeitet. Und dann wird es relativ dynamisch, weil sie mich heimtückisch schubst, so dass ich kurz ein Bein vom Boden hebe. Sie, überraschend reaktionsschnell, schnappt sich das Bein und bringt es in Hufauskratz-Position. Nur schade, dass sie gerade keinen Hufkratzer in der Hand hat und der Putzkasten in unerreichbarer Ferne ist.

Hmpf. Sie stellt mein Bein wieder ab, geht zum Putzkasten, bewaffnet sich mit dem Hufkratzer und schubst mich nochmal, denn, so ihr Gedanke, was einmal klappt, klappt auch zweimal.

Für einen kurzen Moment hat sie beides, Huf und Hufkratzer. Dann erinnere ich mich wieder an die deutsche Eiche und ziehe ihr das Bein aus der Hand. Ist ja schließlich meins und ich brauche es zum Draufstehen.

Schön hier in der Sonne. Verträumt entlaste ich ein Hinterbein und will gerade ein Nickerchen machen, als sich die sogenannte Besitzerin wie ein böser Geist auf das nämliche Hinterbein stürzt und es mir nach hinten herauszieht. Ich finde das sehr unangenehm und deute neckisches Ausschlagen an. Das wirkt. Sie lässt das Bein los und zetert dafür wie ein Rohrspatz.

Frau Reitlehrerin, die ihren Dieter ein Stück weit entfernt putzt, unterbricht ihre Tätigkeit und kommt neugierig näher. Gottseidank, dann kann die der Frau schön erzählen, dass ich heute keine Lust habe und ein Freizeitpferd bin, mit Betonung auf Freizeit. Wo kommen wir denn hin, wenn die Frau ständig hier herumlungert und mich beim Schlafen oder Essen stört.

„Was macht ihr denn da?", erkundigt sich Frau Reitlehrerin. Ihr Dieter steht währenddessen unangebunden auf seinem Platz.

Ich drehe mich herum, um Frau Reitlehrerin zu begrüßen. Leider latsche ich dabei in meinen Putzkasten, der in seine Bestandteile zerfällt. Die sogenannte Besitzerin merkt das gar nicht. Während sie mit Frau Reitlehrerin spricht, füttert sie mich geistesabwesend mit Leckerli. Sie kann sich nämlich nicht auf zwei Sachen gleichzeitig konzentrieren. Wahrscheinlich vergisst sie gleich das Atmen. Hoffentlich erst, wenn die Leckerlis alle sind.

Und das erzählt sie: „Der Pfridolin hat so einen schwierigen Charakter. Heute zum Beispiel will er mir die Hufe nicht geben. Und seinen Anbindestrick hat er auch schon aufgeknotet und still stehen will er schon gar nicht. Außer, wenn ich seine Hufe auskratzen will. Du hast es gut, dein Pferd ist so brav. Mit dem Dieter ist ja alles total einfach. Ich beobachte euch nämlich schon lange und da ist mir oft aufgefallen, wie brav der Dieter ist und wie wild meine Pferde sind."

Unter uns: der Lutschi, was unser spanisches Mähnenwunder ist, ist ungefähr so wild wie eine sedierte Schnecke. Und mein aktuelles Hobby ist Energiesparen, was ja in der freien Wildbahn sehr wichtig und überlebensnotwendig ist.

Frau Reitlehrerin weiß nicht recht, ob sie lachen oder weinen soll. Sie entscheidet sich für ein Mittelding, nämlich ihr pädagogisches Lächeln. Und dann setzt sie der Frau langsam und gefühlvoll auseinander, dass es sinnvoll ist, Pferden eine gewisse Grunderziehung zukommen zu lassen.

„Aber der Pfridolin ist mein Freund", entrüstet die sich und holt die Leckerli aus der anderen Jackentasche raus. Die eine ist mittlerweile leer.

„Auch für den Lutschi wäre das gut", fährt Frau Reitlehrerin fort.

„Waaaaas? Der Lutschi ist mein Seelenpferd! Außerdem sind die beiden so schwierig, vom Charakter her. Und es sind halt keine Schlaftabletten, die haben Temperament! Du weißt gar nicht, wie gut du es mit dem Dieter hast."

Dieter, der langweilige Streber, steht immer noch auf seinem Platz und guckt entspannt. Ich glaube fast, der fühlt sich wohl. Verrückt. Das spanische Mähnenwunder rappelt an seiner Boxentür und möchte offensichtlich an dem Gespräch teilnehmen. Weil ihn keiner beachtet, bollert er mit den Hufen gegen die Tür. Weshalb Frau Reitlehrerin etwas lauter spricht: „Jedes Pferd benötigt eine Grunderziehung. Bestimmte Basics müssen einfach abrufbar sein. Hufe geben, halfterführig sein, beim Putzen stehen bleiben, solche Dinge halt. Das ist auch praktisch, wenn der Tierarzt deine Pferde mal untersuchen will. Da ist es günstig, wenn die sich überall berühren lassen."

„Die sind beide gewaltfrei erzogen", antwortet die Frau. „Wenn die nicht wollen, müssen die auch nicht Hufe geben."

„Ich spreche auch nicht von Gewalt, sondern von Konsequenz", antwortet Frau Reitlehrerin tiefenentspannt, während die Frau langsam hektische Flecken kriegt. Immer diese unterschwellige Kritik an ihrem Erziehungskonzept!

Die Kekse sind alle. Ich beiße versuchsweise in die Jacke, um herauszufinden, ob es weitere Taschen mit Leckerli gibt. Worauf die sogenannte Besitzerin einen mittelschweren Wutanfall bekommt.

„Dazu gehört es auch, Grenzen zu setzen und konsequent darauf zu achten, dass die eingehalten werden."

„Boah nee, das ist voll anstrengend! Da muss man ja immer aufpassen und sich konzentrieren und so. Und das in der Freizeit!", fällt der Frau auf.

„Aber dann kannst du mit ihnen auch Dinge tun, die andere nicht können", meint Frau Reitlehrerin und sieht vielsagend zu Dieter. „Dem habe ich beigebracht, unangebunden stehen zu bleiben. Und wenn ich ihn rufe, kommt er."

Die Frau platzt vor Neid. Das würde sie auch gern können! Und ich habe genug gehört. Mittlerweile kenne ich die sogenannte Besitzerin gut genug, um einschätzen zu können, was auf uns zukommt: ein Erziehungs-Bootcamp, das sich gewaschen hat.

Deshalb suche ich auf diesem Weg ein neues Zuhause für eine mittelalte Person mit großem Schimpfwortschatz. Wenn sie gute Laune hat, ist sie großzügig mit den Leckerli und kann einen auch gut an Stellen kratzen, wo es einen juckt. Wenn sie schlechte Laune hat, will sie Piaffe reiten. Das würde ich an Stelle des neuen Besitzers unbedingt vermeiden.

Was soll ich sagen: es hat nicht geklappt, wir müssen sie behalten. Ist aber eigentlich nicht so schlimm, weil wir nicht nachtragend sind. Das spanische Mähnenwunder eh nicht, weil es dafür ein Gedächtnis haben müsste und sowas wie ein Gehirn. Und ich sage es, wie es ist: ich bin käuflich. Wenn die sogenannte Besitzerin mit den Leckerli kommt, kann ich ihr einfach nicht böse sein. Und außerdem habe ich Frau Reitlehrerin auf meiner Seite. Sie nicht. Sie ist diejenige, die hier die Fehler macht.

DIE FRAU SITZT NACH
(UND KNICKT IN DER HÜFTE EIN)

„Auf den Zirkel geritten!", ruft Frau Reitlehrerin fröhlich und meine Reiterin (nicht fröhlich, wir kennen sie) wendet mich ab, auf eine eierige Umlaufbahn, deren Mittelpunkt Frau Reitlehrerin bildet. Die beobachtet uns kurz und stellt fest: „Du knickst in der Hüfte ein."

„Wer, iiiiich?" Die sogenannte Besitzerin fühlt sich nicht angesprochen. Sonst ist aber keiner in der Halle.

„Ja, du ziehst die rechte Schulter hoch und knickst links in der Hüfte ein", erklärt Frau Reitlehrerin hilfsbereit. „Dadurch gibst du dem Pfridolin eine falsche Gewichtshilfe."

Jaja. Die Frau winkt ab. Sie will Reitkunst treiben und keine blöden Sitzkorrekturen. Albern ist das. Sie ist ja schließlich keine Anfängerin mehr.

„Einknicken in der Hüfte ist übrigens der häufigste Sitzfehler", teilt Frau Reitlehrerin ergänzend mit, was aber nicht zur Aufheiterung meiner Reiterin beiträgt. „Die Ursache dafür sind oft muskuläre Dysbalancen oder einfach erworbene Fehlhaltungen. Man gewöhnt sich eine schiefe Haltung an und merkt gar nicht mehr, dass man schief ist. Aber zum feinen Reiten gehören korrekte Hilfen. Auch korrekte Gewichtshilfen! Nimm doch mal die Zügel in eine Hand und lenk den Pfridolin nur über deinen Sitz!"

Gesagt, getan. Schneller als Frau Reitlehrerin gucken kann, verabschiede ich mich von der Zirkellinie, die man vorher schon nur mit viel gutem Willen erkennen konnte.

„Durch dein Einknicken links denkst du, du würdest vermehrt links sitzen. Tatsächlich wird dein Gewicht auf die rechte Seite umgeleitet und du belastet vermehrt den rechten Sitzbeinhöcker. Das kannst du übrigens auf einem Stuhl oder einem dieser großen Gymnastikbälle schön nachfühlen."

Das hört sich so an, als wüsste Frau Reitlehrerin, wovon sie spricht. „Und was hilft dagegen?", erkundigt sich die Frau, nun doch interessiert.

„Turnen und deine seitliche Rumpfmuskulatur stärken", schlägt Frau Reitlehrerin mit einem strahlenden Lächeln vor.

„Ja super", muffelt die sogenannte Besitzerin. „Und jetzt mal im Ernst?"

Natürlich kennt Frau Reitlehrerin auch Übungen, die man auf dem Pferd machen kann. O Gott, schon wieder Turnstunde, denkt die Frau und sagt: „Aber wehe, einer guckt!"

Frau Reitlehrerin lächelt unbeirrt weiter und lässt die Frau (und mich) erstmal antraben. Dabei soll sie den Oberkörper abwechselnd nach rechts, zur Mitte, nach links und wieder über die Mitte nach rechts drehen. Und so weiter, ihr könnt es euch bestimmt vorstellen. „An der Longe könntest du das schön mit ausgebreiteten Armen machen, da bekommst du auch ein anderes Gefühl für die Schulterdrehung", sinniert Frau Reitlehrerin und die Frau kriegt allein beim Gedanken an eine Sitzlonge Schnappatmung.

Weshalb sie eine Schrittpause bekommt und Gelegenheit, in ihren Körper hineinzuspüren. Es tut sich aber noch nix, teilt sie mit.

„Dann stell dir vor, an deinem Hinterkopf ist ein Fädchen befestigt, dass dich nach oben zieht", teilt Frau Reitlehrerin mit.

Die Frau gibt vorstellungstechnisch alles und sitzt tatsächlich aufrechter. Aber Frau Reitlehrerin ist noch nicht fertig. „Und jetzt streckst du deinen linken Arm nach oben aus und tust so, als würdest du Äpfel pflücken. Du machst den Arm ganz lang und reckst dich nach oben, damit du an die Äpfel kommst."

Die Frau verzieht das Gesicht, aber jetzt ist es eigentlich auch egal. Auch wenn diese Turnerei eigentlich unter ihrer Würde ist, wie sie uns mitteilt.

„Das ist schon viel besser", findet Frau Reitlehrerin. Die Frau selbst hat das Gefühl, sie wäre um einen halben Meter gewachsen, und ich finde ihr Gewicht endlich einmal gleichmäßig verteilt. Und damit das so bleibt, hat Frau Reitlehrerin ein weiteres inneres Bild für meine Reiterin.

„Stell dir vor, du sitzt auf einem dieser großen Gymnastikbälle. Wenn du rechts in der Hüfte einknickst, schiebst du den Ball nach links und umgekehrt. Versuch, ganz zentriert zu sitzen und den Ball unter dir zu behalten", schlägt sie vor.

„Aha", kommentiert die Frau genervt. „Du weißt aber schon, dass ich eigentlich Piaffe reiten will?"

„Rom wurde auch nicht an einem Tag erbaut", antwortet Frau Reitlehrerin und lobt die Frau, weil sie an ihrem Sitz arbeiten will. Wusste die zwar noch nicht, aber Lob ist immer gut. „Du sitzt jetzt viel gestreckter und aufrechter, und das Einknicken in der Hüfte war zwischendurch verschwunden", findet Frau Reitlehrerin.

„Und was mache ich, damit das so bleibt?", fragt die Frau.

„Bewusstseinserweiternde Übungen", antwortet Frau Reitlehrerin und will sich ausschütten vor Lachen, als sie das entsetzte Gesicht der Frau sieht.

Hör mir auf mit dem Eso-Scheiß, denkt die, ist aber doch neugierig. Auf entsprechende Nachfrage bietet Frau Reitlehrerin eine Sitzkorrektur ohne Pferd an, auf einem Stuhl. Was man zum Beispiel im Büro problemlos nachmachen kann und so die Arbeitszeit sinnvoll nutzt.

Die Frau ist nicht abgeneigt.

Und so bringt sie mich in den Stall, wo ich schonmal den Feierabend einläute, während sie nachsitzt. Auf einem Stuhl im Reiterstübchen nämlich. Dort wird sie von Frau Reitlehrerin so ausjustiert, dass sie ganz gerade sitzt.

„Das ist aber unbequem", beklagt sie sich.

„Ja, weil du dir angewöhnt hast, die rechte Schulter hochzuziehen. So fühlt es sich an, wenn du ganz gerade sitzt."

„Aha", kommentiert die Frau wenig begeistert.

„Merk dir das Gefühl und versuch, dich selbst zu korrigieren, so oft es geht", beendet Frau Reitlehrerin die Sitzung.

„Jaja", erwidert die Frau und wir alle wissen, was das heißt.

Um der leidigen Kontrolle durch Frau Reitlehrerin zu entgehen, entwickelt die sogenannte Besitzerin in der Folge ein ausgefuchstes Reitkonzept, das zur Folge hat, dass sie sich zu Zeiten in den Stall begibt, wo sich außer ihre keine Menschenseele rumtreibt. Mitten in der Nacht ist sie dort allerdings anderen Bettflüchtigen begegnet, weshalb die Stalltermine nun im Morgengrauen stattfinden. Vor sich selbst stellt sie das Ganze als buddhistische Meditationspraxis mit ganz viel OMMM dar und behauptet, dass nur die besten Reiter den Tag auf dem Pferderücken begrüßen. Weil das ganz wunderbare Dinge mit einem macht und man dann alles viel bewusster wahrnimmt. Oder was ihr Achtsamkeitskalender gerade so für Sprüche auswirft. Der wahre Grund: Um die Zeit gibt es keine lästigen Zeugen.

WENN'S MAL KLAPPT, GUCKT NATÜRLICH KEINER

Morgens im Stall, wenn es gerade hell wird und unsereiner noch kein Frühstück bekommen hat, schlägt ihre Stunde. Dann kommt die Frau, unsere sogenannte Besitzerin, in den Stall geschlichen, um vor der Arbeit zu reiten. Verrückte Idee, wenn ihr mich fragt, aber mich fragt ja mal wieder keiner. Diese sensationelle Schnapsidee hat sie ganz allein entwickelt, und es ist ihr egal, dass ich das für Körperverletzung und seelische Grausamkeit halte.

Unsere kleine Dressur-Queen hat nämlich wieder irgendwelche Reitprofis gestalkt und herausgefunden, dass viele die meditative Ruhe morgens im Stall schätzen. Wenn sich die Seele nochmal schnarchend im Bett umdreht und der Körper komatös hinterherhinkt, dann muss geritten werden. Auch wenn unsereiner gerade eben noch im Tiefschlaf war. Aber man ist ja von Haus aus Fluchttier, das passt dann schon. Von Null auf Hundert und Spiralen in den Augen in weniger als einer Millisekunde.

Scheiss auf meinen Biorhythmus, die Frau hat präsenile Bettflucht. Und ein Faible für buddhistische Kalendersprüche, wegen dem OMMM und der besonderen Aura. Weil normal kann ja jeder. Für die feine Dame muss es wieder was ganz Besonderes sein.

Und warum das Ganze? Ganz einfach: weil erstens um diese Uhrzeit kein Mensch im Stall ist, der ihre reiterlichen Übungen durch sein Geglotze entweiht. In letzter Zeit gab es ihrer Meinung nach zuviel Kritik an ihren Reitkünsten. Zwar von Undankbaren und Ahnungslosen, aber auch von Frau Reitlehrerin, die deshalb in Ungnade ist und hoffentlich nur vorübergehend boykottiert wird. Und weil zweitens sie sich momentan was mit Yin und Yang und Schwingungen einbildet, was ebenfalls keine Zuschauer verträgt.

Denn die sogenannte Besitzerin hat herausgefunden, warum es bei ihr reiterlich nicht so recht voran gehen will: „Wenn jemand guckt, kann ich nicht reiten."

Deshalb macht sie sich flauschige Gedanken, die sie mit buddhistischen Weisheiten anreichert, und reitet entspannt und unter Ausschluss der Öffentlichkeit. Buddha sagt: Der Weg ist das Ziel, und in meinem Fall führt er zu nachtschlafender Zeit in die Reithalle, wo wir unsere Kreise drehen beziehungsweise was die Frau dafür hält. Komfortzone und so.

Weil auch sie morgens nicht so ganz auf der Höhe ist, machen wir das, was immer gut klappt. Buddha sagt: Jeder Tag ist ein guter Tag, aber der musste bestimmt noch nie morgens um fünf durch den Hallensand joggen. Aber egal. Die Augen der Frau sind halb geschlossen und meine auch. Ich glaube, das ist diese Losgelassenheit, von der man so viel hört. Sagt Buddha übrigens auch: Lerne loszulassen. Das ist der Schlüssel zum Glück.

Also soweit alles schick. Keiner guckt, die Frau ist entspannt und nach dem Reiten gibt's Frühstück. Nur schade, dass keiner ihre neue buddhistische Reitkunst bewundern kann, denkt die Frau. Als Dressur-Queen hat man ja eigentlich gern Publikum, und wo sie doch jetzt so toll reiten kann… „Wenn's mal klappt, guckt natürlich keiner. Menno." Aber da kann ich sie beruhigen: Sie reitet genauso schlecht wie sonst auch. Aber schön locker ist sie.

Und dann ist mit einem Mal doch wieder alles doof und sie kommt zu normalen Zeiten in den Stall. Gottseidank, da kann ich wenigstens ausschlafen. Außerdem erweitern wir unseren Horizont und lernen jemand kennen, der weiß, wo beim spanischen Mähnenwunder das Gaspedal ist. Außen nämlich. Aha.

„AUSSEN MEHR GAS!"

„Jaaaaaa, cool! Sehr cool! Sehr cool machst du das!" Die Frau sitzt auf dem spanischen Mähnenwunder und schaukelt um einen anderen langhaarigen Zausel herum, der in der Zirkelmitte steht und alles cool findet, was sie tut. Beziehungsweise sehr cool. „Jetzt musst du mit dem Gebiss arbeiten! Und außen mehr Gas geben!"

Vom Paddock aus kann ich den Reitplatz sehen. Der Mann leistet mir Gesellschaft und gemeinsam bewundern wir den neuen Reitlehrer der Frau. „Nennt mich Jeff", hat er sich vorgestellt. „Ist mein Künstlername."

Aha. Künstler mit Künstlernamen hatten wir noch nicht. Bisher hatten wir Frau Reitlehrerin, und das war genau das Richtige für uns. Dann hat die irgendwann einmal zu viel Kritik geäußert und damit kann die sogenannte Besitzerin ganz schlecht umgehen. Also wurde Frau Reitlehrerin abserviert und die Frau ist eine Zeitlang unter Ausschluss der Öffentlichkeit geritten und hat dabei buddhistische Weisheiten zitiert. Irgendwann hat ihr das nicht mehr gereicht, außerdem war das frühe Aufstehen einfach lästig. Daher hat sie nach drei Tagen mit der buddhistischen Reitkunst aufgehört und mit dem Jeff angefangen. Der kostet fast nix und findet alles toll, was sie tut. Ein gutes Geschäft, meint die Frau und zergelt weiter an dem spanischen Mähnenwunder herum. „Jaaa, sehr cool", sagt der Jeff dazu.

Leider werde ich vor solch lebensverändernden Entschlüssen nicht um meine Meinung gefragt, und so hat sich die Frau gegen Frau Reitlehrerin und für den Jeff entschieden. Weil sie Piaffe reiten will. Oder wenigstens Dinge, die kein anderer reitet. Vielleicht sollte ihr der Mann mal stecken, dass kein anderer so eckige Zirkel wie sie reiten kann, aber das gibt gleich wieder schlechte Stimmung. Die feine Dame ist nämlich sensibel, und ~~Kritik~~ negative Schwingungen kann sie gerade nicht ab.

Da ist sie bei dem Jeff genau richtig. Außer „sehr cool" und „außen mehr Gas" sagt der nix, und die Frau schnurrt wie ein Kätzchen. Das spanische Mähnenwunder ist mittlerweile zum Tralopp vorgedrungen und das Lächeln der Frau wirkt etwas gezwungen. Der Jeff findet aber auch das sehr cool und dann muss das wohl so sein.

Das ist wahrscheinlich dieses künstlerische Flair, überlegt der Mann. Böse Zungen behaupten auch, der Jeff könnte selbst gar nicht reiten, sondern wäre ein Künstler und Naturtalent. Und da haben er und die Frau viel gemeinsam, die hält sich ja auch gern für ein Naturtalent. Und außerdem ist er spottbillig und lobt viel.

„Bald kommt die Piaffe!", ruft die Frau zu uns herüber.

„Ja, sehr cool. Außen bisschen mehr Gas!", ist Jeffs Kommentar dazu.

Und ich weiß nicht warum, aber aus irgendeinem Impuls heraus zückt der Mann sein Handy und filmt die Frau bei dem, was sie da treibt. Und es würde mich sehr wundern, wenn wir nicht bald Frau Reitlehrerin in alter Frische bei uns wiedersehen, denn dieses „außen mehr Gas" geht mir allein schon beim Zuhören auf den Zeiger. Und spätestens, wenn die sogenannte Besitzerin sich mit eigenen Augen davon überzeugt hat, wie bescheiden der Lutschi daherläuft und wie krumm sie selbst darauf hockt – und wie gut dem Jeff das gefällt – dann, ja dann ist es Zeit für einen reumütigen Anruf und für viele neue Termine mit Frau Reitlehrerin. Denn möglicherweise, so ganz eventuell, ist es nicht Frau Reitlehrerins oder meine Schuld, dass die Frau immer noch nicht reiten kann.

Bis die zu uns zurückkehrt, muss aber noch Einiges

passieren. Wo die Frau doch momentan so schlimmen Größenwahn hat. Und außerdem will sie erst noch was ausprobieren. Mit Franklin-Bällen nämlich.

Praktischerweise kann man ja alles aus Büchern oder aus YouTube-Videos lernen, da wäre das doch gelacht, wenn sie das mit dem Reiten und den Franklin-Bällen nicht auch so hinkriegen würde. Als Naturtalent und überhaupt.

AUA AUA AUA. REITEN MIT FRANKLIN-BÄLLEN.

„Und jetzt den grünen. Wo muss der nochmal hin?" Die sogenannte Besitzerin verrenkt sich und versucht, den grünen Ball so unter den Sitzbeinhöcker zu platzieren, dass ein Weiterleben möglich erscheint. Denn, so viel weiß ich mittlerweile, die Bällchen unterm Poppes tun infernalisch weh.

Und woher weiß ich das? Weil die sogenannte Besitzerin eher extrovertiert ist und eine schöne, laute Stimme hat. Und jegliche Gefühlsregung ungefiltert herauslässt, damit der Mann und etwaige andere Zuhörer sofort im Bild sind.

Und die ver$%&en Bälle tun $%& weh, das wissen wir nun. Und warum tut sie das, was sie da tut? Der Mann und ich wissen es nicht genau, vermuten aber, dass es damit zu tun hat, dass die Frau gern reiten können würde, es sich aber vorübergehend mit Frau Reitlehrerin verscherzt hat.

Ohne Unterricht isses aber doof, das hat sie inzwischen auch herausgefunden. Weil sie andererseits so klug und talentiert ist, dass sie sich fast alles aus Büchern oder dem Internet aneignen kann, hat sie in Franklin-Bälle investiert.

Lacht nicht, sie glaubt das wirklich. Jetzt hat sie also einen Haufen bunte Bälle, die unterschiedliche Schmerzen verursachen, ein Buch und diverse Videos und macht Menschen- und Tierversuche, denn natürlich müssen das spanische Mähnenwunder und ich bei ihren Experimenten mitwirken. Der Mann auch, der hat den Auftrag, zu assistieren, zu filmen und zu beobachten. Er freut sich sehr darüber, aber mehr so innerlich. Nach außen ist er cool und professionell.

Das Experiment beginnt. Mann und Frau studieren gemeinsam Buch und Videos. Die Frau ist schon wieder kurz davor, auszusteigen, weil sie schließlich ein

Naturtalent ist. Das wäre doch gelacht, wenn sie nicht mit so albernen Bällen umgehen könnte!

Also schreitet man zur Tat. Das spanische Mähnenwunder wird aufgrund seines nicht vorhandenen Temperaments gesattelt und für würdig befunden, beim ersten Versuch mitzuwirken. Erstmal muss es rumstehen und warten, während Mann und Frau lautstark diskutieren, wo nun welcher Ball hin soll. Der Lutschi nutzt die Gelegenheit zu einem Schläfchen.

„Die sind ja nur halb aufgepumpt", stellt die Frau kritisch fest. Der Mann behauptet einfach mal, dass das so richtig ist. Nach vielem Au Au Au und „Bist du verrückt?!" einigen sie sich auf einen Ball unterm Poppes und einen unterm gegenüberliegenden Arm. Zwei Bälle unter den Armen geht nicht, weil Aua Aua Aua, sagt die Frau. Der Ball unterm Poppes macht auch alles andere als schöne Gefühle, aber wenns hilft, kann man sich ja mal quälen. Aber nur ganz kurz!!!

Der Lutschi wird aufgeweckt und darf im Schritt angehen. Dabei finden wir heraus, warum die Bälle nur halb voll sind. So geht's ja schon schlecht, aber mit ganz vollen Bällen ginge es überhaupt nicht.

Und weil die Frau genetisch nicht für Aktivitäten mit Bällen veranlagt ist, fällt zudem andauernd was runter. Sei es die Gerte oder ein bis zwei Bälle. Von daher bewundere ich die überraschende Weitsicht der sogenannten Besitzerin, die nur aus diesem Grund den Mann als Bodenpersonal eingeplant hat.

Endlich hat sie die Bällchen an den Körperstellen, wo sie laut Buch und Video hingehören und reitet laut zeternd los. Sie schafft eine Runde im Schritt und muss dann erst mal ausruhen. Auf so viel sensorischen Input ist ihr steifer Körper offensichtlich nicht eingestellt.

„Auf den Videos traben und galoppieren die auch, versuch das doch mal!", ruft der Mann in völliger

Verkennung der Lage. Worauf ihn die Frau mit den Bällen bewirft. Weil sie aber genau so gut werfen wie reiten kann, kommt es zu keinem Treffer und der Mann spricht weiterhin mit ihr. Die Frau vermeldet schöne Gefühle, und zwar an den Stellen, wo vorher Bälle waren.

Jetzt wird getauscht: der grüne Ball wandert mit vielen Schwierigkeiten unter den anderen Sitzbeinhöcker und der orange Ball unter den anderen Arm.

„Das tut auch weh, aber anders", informiert uns die Frau. Hilft aber nix, sie muss damit jetzt eine Runde reiten. Das wird die längste Schrittrunde der Welt. Aber als die vorbei ist, verkündet die Frau, es täte gar nicht mehr weh und sie hätte das jetzt endlich drauf, und zwar mindestens genauso gut wie die Reitprofis in den Videos.

Zum Beweis trabt sie an, und zwar ohne Schmerzensschreie und ohne sich festzuhalten. So wunderbar wäre sie mobilisiert und im Gleichgewicht, jauchzt sie. Ein Traum! Als sie nach ein paar Runden durchpariert und feststellt, dass sie es keineswegs kann, sondern den grünen Ball schlicht und ergreifend plattgesessen hat, leidet die gute Stimmung deutlich. Aber der Mann hat geschworen, es keinem zu erzählen, und der Lutschi hat eh nicht verstanden, worum es geht.

Und die Moral von der Geschicht: Gib der Frau die Franklin-Bälle nicht, die macht damit nur Unfug. Wobei der Mann die Bälle nicht so unbequem findet, aber der hat ja auch keine Ahnung.

Und während der Mann mit den Franklin-Bällen reitet – aber nur heimlich, um die Gefühle seiner Liebsten nicht zu verletzen – währenddessen also ist die Frau unfassbar zahm und weichgespült und verhandelt auf diplomatische Art mit Frau Reitlehrerin, ob die nicht vielleicht bitte für Unterricht zu uns kommen würde. Obwohl die Frau sie mit dem Jeff betrogen hat und eigentlich ein Naturtalent ist, aber irgendwie klappt doch nix und buhuhu.

BESSER REITEN, OHNE ZU REITEN ODER:
LÄUFT FÜR MICH

Es gibt Neuigkeiten: Frau Reitlehrerin ist wieder da! Und die sogenannte Besitzerin hat einen neuen Spleen. Aber der Reihe nach. Es fing damit an, dass die Frau bei Frau Reitlehrerin zu Kreuze gekrochen ist, damit die ihr verzeiht, dass die Frau fremdgegangen ist und bei Herrn „Außen mehr Gas!" Unterricht genommen hat. Wobei – Unterricht kann man das ja nicht nennen, außer „sehr cool" und den unsterblichen Worten „Außen mehr Gas" hat der ja nix von sich gegeben. Aber billig war er.

Jetzt ist Frau Reitlehrerin wieder da, die immer noch unfassbar günstig ist, wenn man bedenkt, was man dafür geboten bekommt. Weil sie nämlich weiß, was sie tut.

Im Gegensatz zur sogenannten Besitzerin.

Außerdem: Kein Telefonieren während des Unterrichts. Kein Stuhl- und Gesprächskreis an der Bande, weil Frau Reitlehrerin mitläuft und die ganze Zeit aufpasst, ob und was die Frau gerade wieder anstellt. Keine Piaffe, aber die vermisse ich auch nicht. Und keine Leckerli, die vermisse ich schon sehr. Aber irgendwas ist ja immer.

Wir haben also jetzt Reitstunde und sind sehr motiviert. Zuerst gehen die Frau und ich Schritt und bemühen uns um runde Zirkel und um Schlangenlinien, bei denen man nicht orientierungslos unterwegs stehenbleibt, sondern wo sich die Frau tatsächlich Gedanken über die Linienführung gemacht hat.

Ich bin begeistert. Frau Reitlehrerin auch. Die sogenannte Besitzerin ist selig – endlich klappt mal was und es gibt sogar Zeugen dafür!

Weiter geht's mit Schulterherein und Travers. Auch das

überraschend koordiniert. Wobei ich zugebe, dass ich mich bei den Seitengängen überwiegend an Frau Reitlehrerins Körpersprache orientiere. Aber egal, Hauptsache, es klappt, und das tut es, so dass uns Frau Reitlehrerin sogar lobt.

Hach! Die Frau wird direkt ein Stückchen größer, was auch direkt auffällt und gelobt wird.

Dann geht es ans Antraben und da ist gar nichts mehr schick, weil meine Reiterin, das kleine Steifftier, in rascher Folge alle möglichen und unmöglichen Sitzfehler zeigt. Besonders unangenehm finde ich persönlich, dass sie in der Hüfte total blockiert ist. Zum Ausgleich wackelt sie mit Armen, Beinen und dem Kopf, was bestimmt sehr lustig aussieht.

„Was ist denn mit den Franklin-Bällen passiert?", erkundigt sich Frau Reitlehrerin, die sich über die Ereignisse während ihrer Abwesenheit informiert hat.

„Die waren doof, die hab ich weggeschmissen", schnauft die Frau, während sie mir rhythmisch ins Kreuz plumpst.

„Schade, die könnten wir gut gebrauchen", meint Frau Reitlehrerin.

„Nein nein nein", antwortet die Frau, die von schmerzlichen Erinnerungen überwältigt wird.

Frau Reitlehrerin lächelt freundlich und verständnisvoll und schlägt alternativ mehrere Turnübungen vor, die die Frau – allerdings erst nach heftigem Widerstreben – ausführt.

Es geht los mit der Beckenuhr, danach soll sie mit dem Becken eine liegende Acht beschreiben. Als Nächstes soll sie ihre Zehenspitzen berühren, gern auch mit der gegenüberliegenden Hand (das geht nicht, erklärt die Frau). Zuletzt kommt der Drehsitz, bei dem die Frau eine Hand auf meine Kruppe legen soll. Nicht hinter den Sattel, nein, auf die Kruppe.

„Unmöglich, ich bin doch kein Artist!", ächzt die Frau.

Nach und nach wird es aber besser und sie sitzt locker-flockig in der Bewegung. Sehr angenehm, sage ich euch!

„Das ist aber toll", jauchzt die Frau und fragt übermotiviert: „Was kann ich denn alleine machen, um schneller so zu sitzen?"

Frau Reitlehrerin schlägt einen Ausgleichssport vor. Am besten einen, der sie beweglicher macht.

Sport? Die Frau kraust die Stirn. Reiten ist doch schon Sport, das muss doch eigentlich reichen. Außerdem hat sie Rücken. Manchmal auch Hüfte oder Bein oder Arm oder Kopf, an defekten Körperteilen herrscht anscheinend kein Mangel.

„Gerade dann ist ein Ausgleichssport wichtig", weiß Frau Reitlehrerin. „Es muss auch nichts Spektakuläres sein. Ganz normale Gymnastikübungen, die man vor dem Reiten und währenddessen machen kann, zur Lockerung und Mobilisierung."

„Ach nein, zu uncool", winkt die Frau ab.

„Wie ist es denn mit Muskelaufbau im Gym?", bringt sich der Mann ein. Bei Rücken hilft nur Muskel, hat er irgendwo gehört. „Besser reiten, ohne zu reiten", formuliert er launig.

Gym. Ach nein, das soll ja sehr anstrengend sein. Außerdem fehlt die esoterische Komponente, die die Frau von Zeit zu Zeit sehr schätzt. „Lieber irgendwas Cooles, Fechten zum Beispiel. Wie Robin Hood", erklärt sie.

„Der war Bogenschütze."

„Ach. Egal. Bogenschießen ist aber auch cool!"

„Vielleicht doch lieber ein Sport mit weniger Gefahrenpotential", meint der Mann, der langsam um sein Leben fürchtet, weil er ja bei allen Schnapsideen assistieren muss.

„Oder Kampfsport?", teilt die Frau mit, die langsam

Blut geleckt hat.

„Als ob du das lange mitmachst", kichert der Mann und die Frau wirft ihm einen mörderischen Blick zu.

„Wie wäre es denn mit Yoga?", fragt Frau Reitlehrerin, die dem Gespräch interessiert gefolgt ist.

„Oder Tai Chi, das ist wie Kampfsport, aber in Zeitlupe. Das machen die alten Leute immer", meint der Mann, der anscheinend einen Clown gefrühstückt hat.

„Dann doch lieber Yoga", entscheidet die Frau. Das wird zudem auch von führenden Reiterinnen empfohlen.

Die erste Probestunde mit einem YouTube-Video hat (stark zusammengefasst) folgendes Ergebnis: Au au au, das geht nicht. Die sogenannte Besitzerin denkt nun doch über Alternativen nach: „Eventuell reicht doch Stretching. Für den Anfang."

Zum Glück hat der Mann herausgefunden, dass es eine Sportart namens „Dehnen für Unbewegliche" gibt, mit zahlreichen Videos. Und was soll ich euch sagen, das ist es. Die Frau turnt sehr tapfer und motiviert und heute guckt sie sogar schon die zweite Folge von Dehnen für Unbewegliche. Und eigentlich ist das auch Yoga, hat sie beschlossen. So wie es die Reitprofis auch machen. Hach.

Aber irgendwie hilft dieses Rentneryoga, was die Frau da treibt, doch nicht gegen ihren Haupt-Sitzfehler. Was komisch ist, weil die meisten Rentner beweglicher als die sogenannte Besitzerin sind.

OBEN STABIL, UNTEN TSCHAKKA-LAKKA –
EINKNICKEN IN DER HÜFTE, DRÖLFZIGSTE AUSGABE

„Du knickst links in der Hüfte ein", teilt Frau Reitlehrerin sehr entspannt mit, denn das ist keine neue Korrektur und wird von der Frau, meiner sogenannten Besitzerin, auch nicht sonderlich ernst genommen. Obwohl die Frau den Mann letztens noch genötigt hatte, ihr Klebepunkte aufs Kreuz zu drücken, damit man besser sieht, dass sie ihren Rücken seitlich wie ein Croissant verbiegen kann. Und das Ganze auch noch zu filmen! Offensichtlich fand sie das Resultat nicht dramatisch genug, vielleicht hat sie das Video auch gar nicht angeguckt, vielleicht ist sie aber auch wieder ein Naturtalent und kann alles allein mit der Kraft ihrer Gedanken regeln. Man weiß es einfach nicht.

Die sogenannte Besitzerin macht sich währenddessen einen schlanken Fuß und sitzt weiterhin wie der schiefe Turm von Pisa auf mir herum.

„Stell dir vor, dein Oberkörper ist eine Box", lächelt Frau Reitlehrerin unerschütterlich.

„Eine Box?", fragt meine Reiterin, nun doch interessiert.

„Ja, eine rechteckige Kiste. Oben sind die Schultern, die auf genau gleicher Höhe sind. Dann geht es außen am Brustkorb herab bis zum Becken, wo beide Beckenknochen auch auf gleicher Höhe sind. Wenn du dich darauf konzentrierst, dass die Linien gerade bleiben müssen und die rechten Winkel rechte Winkel bleiben, gibt dir das mehr Stabilität im Rumpf und kann so einem Einknicken in der Hüfte vorbeugen, was strenggenommen ein Einknicken in der Taille ist."

Wieso muss denn jetzt was stabil sein? Sonst ging es

doch immer um locker-locker-locker, denkt die Frau irritiert und fragt sicherheitshalber nach: „Sonst muss doch immer alles locker sein und mitschwingen. Wieso denn jetzt nicht mehr?"

„Du darfst dich nirgends verkrampfen oder fest werden, und mitschwingen tust du natürlich weiterhin im Becken. Das ist locker und beweglich und - stark vereinfacht – über das Iliosakralgelenk mit dem stabilen Oberkörper verbunden. Also der Box. Oben stabil, unten tschakka-lakka", fasst Frau Reitlehrerin zusammen.

„Box, Box", sinniert die Frau. Dann fällt es ihr ein: Das ist wie bei diesem Pilatus oder wie das heißt. Da hat sie mal aus sicherer Entfernung ein Video gesehen und beschlossen, dass ihr das viiiieeeel zu anstrengend ist. Und jetzt holen sie all diese schweißtreibenden Aktivitäten durch die Hintertür wieder ein! Verflixt.

„Es würde sicherlich auch nicht schaden", reißt sie Frau Reitlehrerins Stimme aus ihren Gedanken, „wenn du Übungen für die Rumpfstabilität machst. Das wäre doch eine tolle Idee für einen Ausgleichssport!"

Die Frau lächelt süß-säuerlich. „Das überlege ich mir nach der Reitstunde", lügt sie.

„Prima. Und bis dahin schaust du zwischen den Pferdeohren durch. Das hilft dir, gerade im Oberkörper zu bleiben."

Widerstrebend löst die Frau ihren Blick von meinem Hals. Mähnenkino, kennt ihr, oder?

„So ist es gut", lobt Frau Reitlehrerin. „Wenn der Pfridolin die Farbe ändert, sag ich dir schon Bescheid! Und du guckst so lange zwischen seinen Ohren durch. Nicht nach unten, hinten-unten oder sonstwohin. Und dein Oberkörper ist eine Box."

„Ich weiß schon, und unten tschakka-lakka", seufzt die Frau.

Viele Wege führen nach Rom, und Frau Reitlehrerin kennt sie alle. Weil es nicht *die eine* Sitzkorrektur gibt. Bei der sogenannten Besitzerin geht es darum, sich dem Sitzproblem vorsichtig zu nähern und herauszufinden, ob sie die Knöpfe für das jeweilige Körperteil bedienen kann. Oder ob die erst noch eingebaut werden müssen. Oder ob sich das Gehirn der sogenannten Besitzerin vorher abschaltet.

Ich meine, Yoga, Rumpf-Stabi und Tschakka-Lakka, da geht es nicht mehr darum, *ob* ihre Gehirnzellen implodieren, sondern, *wann* sie das tun. Fragt mich, ich kenne sie schon länger.

Irgendwann passiert es einfach und plöpp! bunter Nebel. Beziehungsweise Freestyle beziehungsweise Reiten mit der Kraft der Gedanken. Wie das so spontan klappen soll, erschließt sich mir gerade nicht, aber ich bin ja hier nur das Pferd und man sagt mir nach, ich würde lästern.

REITEN MIT DER KRAFT DER GEDANKEN

„Warum lässt du denn den Pfridolin hier grasen? Und sitzt ohne Sattel und Trense auf ihm?"

Fragen über Fragen, die ich gerade nicht beantworten kann, weil ich endlich mal ungestört zum Grasen komme, OBWOHL die sogenannte Besitzerin dabei ist. Die sitzt, wie man schon vermuten konnte, auf mir rum, aber ausnahmsweise fällt sie mir nicht zur Last. Sorry, schlechtes Wortspiel, musste aber sein.

Wie sich schnell herausstellt, spricht Frau Reitlehrerin auch nicht mit mir, sondern mit der Frau, die irgendwas von „Freestyle" nuschelt und von „Reiten mit der Kraft meiner Gedanken."

Ja, genauso habe ich auch geguckt. Frau Reitlehrerin hat ihre Gesichtszüge aber besser im Griff. Und dabei fing alles ganz normal an.

Wobei, was ist bei uns schon normal, wenn die sogenannte Besitzerin alle fünf Minuten ein neues Leben anfangen will. Jetzt gerade hat sie sich überlegt, dass sie doch nicht mehr Dressur-Queen sein will, sondern natürlich und harmonisch und vor allem mit der Kraft ihrer Gedanken reiten will. Nahtlos von Isabell Werth zur magischen Natur-Reiterin ohne alles, das kann nur die Frau. Und dazwischen kennt sie nix.

Wobei: So ganz grundsätzlich ist gegen natürlich und harmonisch nichts zu sagen. Also weg mit dem Dressursattel! Und die fiese Trense mit dem Bling-Bling brauchen wir auch nicht mehr. Weiters werden Sporen und Kandare vom Einkaufszettel gestrichen. Unter uns: Dafür war sie eh zu grobmotorisch, aber wenn man sich selbst aktiv und als Statement dagegen entscheidet, fühlt man sich doch gleich besser. Irgendwie magisch und naturverbunden nämlich.

Und wie soll nun das magische und naturverbundene Reiten stattfinden? Wegen mir gar nicht, aber die sogenannte Besitzerin möchte sich partout wie eine Komantschenprinzessin fühlen und über die Prärie galoppieren.

Spitzfindige Gemüter könnten vermuten, dass die Komantschenprinzessin so an ihrem Sitz und ihrer Einwirkung arbeiten will, dass sie wohlüberlegt und dosiert einwirkt, Stichwort: Hierarchie der Hilfen und so, und vor allem aufhört, dauernd am Zügel rumzuzuppeln.

Und apropos Natur: Es hat mir auch keiner an der Wiege gesungen, dass ich stundenlang im Kreis rumrennen muss, bisschen geradeaus wäre auch mal schön. Wer also jetzt an physiologisches Training mit feiner Hilfengebung denkt, hat meine volle Sympathie, aber unrecht. Denn was die Frau jetzt tut, ist besser – wartet ab.

Sattel und Trense brauchen wir ja nun nicht mehr, stattdessen bekomme ich ein Reitpad auf den Rücken.

„Vielleicht ein Knotenhalfter oder eine indianisch inspirierte Trense?", fragt der Mann, der bei den Metamorphosen der sogenannten Besitzerin assistieren muss.

„Ohne sieht auf Fotos besser aus. Auf Insta hat das auch keiner", winkt sie ab und klettert an der Aufsteighilfe auf meinen Rücken.

Eins ist klar: sie war wieder an den Beruhigungskräutern in der Futterkammer, und die sind ihr nicht bekommen. Denn nun schließt sie die Augen und summt. Besorgt erkundigt sich der Mann, der uns bis hierhin begleitet hat, ob alles in Ordnung ist.

„Ich verbinde mich mit dem Pfridolin. Bitte nicht stören", erklärt sie hoheitsvoll.

Aha. Also ich merk noch nix. Ich warte mal ab, ob sonst noch was passiert. Aber es folgt keines der mir bekannten Signale. Stattdessen gibt es Gras. Viel Gras.

Wer hätte das gedacht, dass hier am Reitplatz so viel wächst, denke ich mir und stelle fest, dass man ohne Trense viel besser essen kann als mit. Die Frau verbindet sich immer noch. Ich esse weiter und orientiere mich Richtung Weide.

„Wunderbar harmonisch", säuselt die Frau verträumt, als ich mich Richtung Wald durchs Gras fräse. Und da begegnet uns schließlich Frau Reitlehrerin, die sich einen kleinen Feierabendausritt gönnt und sich nun interessiert nach den aktuellen Plänen der Frau erkundigt, denn, das weiß auch sie, die ist immer für eine Überraschung gut.

Die Frau erzählt von Freestyle und Mindset und kosmischer Harmonie.

„Also kein Reitunterricht nächste Woche?", fasst Frau Reitlehrerin zusammen.

„Nein, dieses ganze Dressurreiten ist unschön und böse. Kosmische Harmonie visualisieren ist viel besser", erwidert die sogenannte Besitzerin.

„Wie kommst du denn gleich kosmisch-harmonisch nach Hause?"

„Ich visualisiere das. Mit meinem tollen Mindset", antwortet die Frau.

„Aha", staunt Frau Reitlehrerin.

„Schließlich machen ALLE das", sagt die Frau und reißt die Augen weit auf. „Es gibt sogar Leute, die das Reiten quasi religiös betreiben. Wie so eine Sekte. Und die haben eine eigene Reitschule, wo die sich vorstellen, sie würden toll reiten, und wer ihnen widerspricht, wird verbannt. It's all about mindset, you know."

„Ach, na wenn das so ist", erwidert Frau Reitlehrerin tiefenentspannt und wendet ihren Dieter ab. Dieter merkt, dass es Richtung Stall geht und beschleunigt seine Schritte.

Ich schließe mich sicherheitshalber an, nicht, dass ich die Nacht allein hier draußen verbringen muss, mit der Irren im Kreuz!

„Kommst du doch mit?", lächelt Frau Reitlehrerin. Die Frau stutzt kurz, denkt dann kosmisch-harmonische Gedanken und lügt: „Na klar, das habe ich so visualisiert."

Dieses entspannte Rumstehen und Grasen hat was. Ich könnte das jeden Tag machen. Aber Frau Reitlehrerin erzählt gerade was von Gymnastizieren und gesunderhaltend Reiten und dem kosmisch-harmonischen Mittelweg zwischen Dressur-Queen und Komantschen-prinzessin und ich fürchte, das wars fürs erste mit dem süßen Leben. Aber vorher wird noch Isidor therapiert.

ISIDOR TÖLTET NICHT MEHR

„Isidor töltet nicht mehr!" Seine Besitzerin ist ganz aufgeregt. Isidor hat sonst so zuverlässig wie ein Uhrwerk getöltet und mich mit seinem lauten Takka-Takka das ein oder andere Mal an den Rand des Wahnsinns gebracht. Ich persönlich finde eh, dass Isis waffenscheinpflichtig sind, aber auf mich hört ja keiner.

„Was soll ich denn jetzt tun?" Mit weit aufgerissenen Augen starrt sie die Frau, meine sogenannte Besitzerin, an. Die ist bekanntlich selbsternannte Pferde-Expertin und amtliches Naturtalent und wirft sich stolz in die Brust. „Ich kann ja mal gucken", bietet sie an.

Gesagt, getan. Wobei ich nicht weiß, was die kurzsichtige Madame da besichtigen will, der Isidor ist ja tendenziell eher klein. Aber egal. Mit viel „Hm hm" und „So so" und gerunzelter Stirn starrt sie auf den Töltverweigerer.

„Und? Was denkst du?", fragt Isidors Besitzerin aufgeregt. Denken? Die Frau? Machst du Witze?

Weil ihr auf die Schnelle nix Pfiffigeres einfällt, schlägt die Frau eine Tierkommunikatorin vor. Und hat sie nicht kürzlich eine Werbung für Töltspray gesehen? „Wie reitest du denn den Isidor?", will sie schließlich wissen.

„Im Gelände. Wir sind gern schnell unterwegs!", antwortet Isidors Besitzerin treuherzig. Ich kann das übrigens ergänzen: Mit Unterhals und ohne Rücken.

„Und dressurmäßig?"

Isidors Besitzerin guckt erstaunt. WIESO???, sagt ihr Blick. „Das ist ein Isi und kein Dressurpferd", antwortet sie schließlich.

Und wie es der Zufall so will, kommt gerade Frau Reitlehrerin am Isi-Offenstall vorbeigeschlendert.

Reitlehrer haben bekanntlich die Gabe, überall dort aufzutauchen, wo es gerade spannend ist, und Frau Reitlehrerin hat in der Hinsicht ein geradezu übernatürliches Talent.

„Der Isidor töltet nicht mehr", erfährt sie dann auch gleich. „Und das ist ganz furchtbar, weil ich ihn doch nur fürs Tölten gekauft habe!"

Aha. So ist die Sachlage also. Frau Reitlehrerin erklärt freundlich lächelnd, dass sie sich mit Isis und eventuellen Gang-Defiziten nicht auskennt, aber dass es bestimmte Dinge gibt, die für alle Pferde und Ponys wichtig sind. Behutsam setzt sie Isidors Besitzerin auseinander, dass Pferde – anders als zum Beispiel Fahrräder oder Tennisschläger – Lebewesen sind, für die man Verantwortung trägt.

„Ich mag ihn doch auch total gern", antwortet Frau Isidor. „Aber ich will nun mal tölten!"

Frau Reitlehrerin lässt ihre Augen einmal über Isidors Exterieur wandern. Ihr Blick bleibt an seinem Rücken hängen.

„Was für eine schöne Sattellage er bekommen hat!" freut sich seine Besitzerin, die Frau Reitlehrerin beobachtet hat. „Früher konnte man die gar nicht sehen. Aber jetzt hat sie sich sehr gut herausgebildet."

Frau Reitlehrerin lächelt tapfer und erklärt, dass die Kuhlen in Isidors Rücken in Wirklichkeit atrophierte Rückenmuskeln sind. „Kann es eventuell sein, dass der Sattel kontrolliert werden muss?"

„Wieso denn das? Den hab ich zusammen mit Isidor gekauft, der ist tippi-toppi."

„Sättel müssen regelmäßig kontrolliert und gegebenenfalls neu angepasst werden, weil sich Pferde ja permanent verändern."

„Isis nicht."

„Auch Islandpferde." Frau Reitlehrerin lächelt zwar, ist aber in dem Punkt unnachgiebig. „Außerdem ist der Isidor sehr kurz." Sie demonstriert, bis wo der Sattel aufliegen darf, nämlich maximal bis zur letzten Rippe. „Vielleicht wäre es keine schlechte Idee, da zuerst mal die Osteopathin draufgucken zu lassen. Die kann dir auch vorab schon ein paar Tipps für den Muskelaufbau geben."

„Osteopathin? Muskelaufbau? So einen Aufwand wollte ich eigentlich nicht treiben", wendet Isidors Besitzerin zaghaft ein. „Kann man da nicht was kaufen? So ein Töltspray vielleicht?"

Darauf geht Frau Reitlehrerin gar nicht ein. „Der Isidor soll dich ja schließlich tragen können, ohne Schaden zu nehmen. Und dafür braucht er einen gesunden Rücken."

„Ach so, ja, stimmt."

Auch die Frau, meine sogenannte Besitzerin, muss Frau Reitlehrerin da recht geben und doziert klugscheißerisch: „Jedes Pferd, das geritten wird, muss gymnastiziert und geradegerichtet werden."

„Wieso denn das?"

Die Frau kann die Frage nicht beantworten und guckt hilfesuchend zu Frau Reitlehrerin.

„Damit es nicht übermäßig verschleißt und lange gesund bleibt", erklärt die.

„Ach so." Das findet Frau Isidor einleuchtend. „Und wie macht man so Pferde – Gymnastik?"

„Zum Beispiel durch Bahnfiguren reiten", schlägt Frau Reitlehrerin vor.

„Und dann töltet der Isidor wieder?"

„Für den Tölt musst du dir einen Gangpferde-Experten suchen, aber das ganz normale dressurmäßige Gymnastizieren kann ich dir beibringen", bietet Frau Reitlehrerin an.

Frau Isidor ist begeistert und will direkt Termine

machen.

„Nachdem der Sattler und die Osteo da waren", bremst Frau Reitlehrerin.

Und seitdem leistet der Isidor mir und dem Lutschi manchmal auf dem Platz und in der Halle Gesellschaft. Zum Glück töltet er noch nicht wieder, das würden meine Nerven nicht mitmachen. Bei Takka-takka-takka passieren nämlich genau zwei Dinge: 1. Ich bin dann mal weg und 2. steppt dann sogar das sonst so coole spanische Mähnenwunder wie ein Huhn auf der heißen Herdplatte.

Die sogenannte Besitzerin fragt sich immer noch, warum denn keiner dieses sagenumwobene Töltspray kauft, bis sich schließlich Frau Reitlehrerin erbarmt und ihr erklärt, dass das mit Sicherheit ein Aprilscherz war. Schließlich gäbe es auch keine Piaffe-Pellets. Was die Frau eine ziemliche Marktlücke findet.

Nachdem die Frau nun so viel Herzblut in die ehrenamtliche ~~Belästigung~~ Beratung von Isidors Besitzerin investiert hat, beschließt sie, dass es nun aber mal Zeit wäre, sich um was anderes zu kümmern. Um sich selbst zum Beispiel. Was ja immer schon ihr Hobby war, aber nie so extrem ausgeübt wurde.

„IST JA NICHT MEIN PFERD!"

Neulich auf der Stallgasse.

Miteinstallerin A: „Bei Daisy geht die Boxentür nicht richtig zu."

Ein leerer Blick ist die Antwort. Und ein achselzuckendes „Ist ja nicht mein Pferd."

Die Frau, meine sogenannte Besitzerin, hat beschlossen, sich zur Abwechslung nur noch um ihre eigenen Angelegenheiten zu kümmern. Interessant, das hatten wir noch nie.

Wenig später: „Möppi hat gar kein Heu in der Box!" Diesmal ist es Miteinstallerin B.

Die Antwort der Frau bleibt aber gleich: „Ist ja nicht mein Pferd."

Nur doof, dass Möppis Besitzerin gerade nicht da ist und auch vom Stallpersonal keiner. Kriegt er halt kein Heu, weil: ist ja nicht ihr Pferd. Zum Glück erbarmt sich Miteinstallerin B und serviert das vergessene Abendfutter.

Dann kommt Miteinstallerin C: „Esmeralda hat in die Tränke geäppelt!"

Wieder ist ein apathisches „Ist ja nicht mein Pferd" die Antwort. Soll die olle Esmeralda doch gucken, wo sie bleibt. Wo kommen wir denn da hin, wenn man mit einem Mal hilfsbereit wäre und Esmeralda gemeinsam mit Miteinstallerin C an einem heißen Sommertag zu einem erfrischenden Getränk verhälfe? Und dabei womöglich noch Karmapunkte sammelt? Aber „Ist ja nicht mein Pferd", da kann man geschmeidig weggucken. Das ist auch nicht so stressig wie selber mal anpacken. Wahrscheinlich könnten Aliens den halben Stall entführen, es wäre der Frau immer noch zu anstrengend, zum Handy zu greifen und Hilfe zu holen.

Interessanterweise ist das die gleiche Frau, die sich

ungefragt in alles einmischt, was Leute so mit ihren Pferden treiben. Da ist die Schabracke hässlich, die Bandagen sind schief gewickelt und reiten können die eh alle nicht, da kann man ja gar nicht hingucken!!! Tut sie aber trotzdem und lästert nach Herzenslust.

Unvergessen der Tag, an dem die sogenannte Besitzerin nacheinander den Schmied beraten wollte, dem Tierarzt reinpfuschen und zuguterletzt eine Futterberatung durchgeführt hat, wo ihr allerdings die gegen ihren Willen Beratene mittendrin abgehauen ist. Die Frau war aber gerade so im Schwung, dass sie mit ihrem Sermon so lange weitergemacht hat, bis sie der Mann in eine Schubkarre setzen und wegfahren wollte.

Die Frau ist ja nach eigener Einschätzung auch nicht neugierig, sondern wissbegierig. Und sie lästert nicht, sie informiert. Sich und andere. Auch ist sie nicht aufdringlich, sondern hilfsbereit. Allerdings nur, solange es sie interessiert. Alles eine Frage der Definition, wie man sieht. Und wenn sie selbst mal einen Notfall hat, weil zum Beispiel der Lutschi, unser spanisches Mähnenwunder, komisch guckt oder nicht fressen mag? Oder wenn ich, ihr Herzens-Pfridolin, mal außer der Reihe eklige Medikamente bekommen muss?

Dann wäre es ja theoretisch schön, wenn man nette Leute kennt, die mal nach dem Patienten gucken, wenn man auf der Arbeit ist. Nette Miteinstaller zum Beispiel. Wo das nach dem Prinzip „Eine Hand wäscht die andere" funktioniert.

Nicht so bei uns. Für solche Dienstleistungen hat sich die Frau eigens einen Mann zugelegt, der nett ist und hilft. Und Karmapunkte sammelt wie andere Treuepunkte im Supermarkt. Was aber tun die, die nicht auf jemanden mit Helfersyndrom zugreifen können? Die müssen wohl oder übel selber nett und hilfsbereit sein. Aber wisst ihr was? Wir Pferde merken das. Wir kriegen schon mit, wer charakterlich in Ordnung ist und wer nicht. Wir sind ja nicht blöd.

Ach übrigens: Falls jemand jemanden kennt und so. Die sogenannte Besitzerin sucht ein neues Zuhause. Sie weiß es aber noch nicht, es soll nämlich eine Überraschung werden. Ich versuche ja schon länger, ihr soziale Kompetenzen anzutrainieren, was aber bisher nicht geklappt hat. Man muss dann auch erkennen, wann man aufhören muss.

Deshalb suche ich nun eine schöne neue Unterkunft für sie, bevorzugt weit weg und auf einem einsamen Berggipfel. Der Mann muss sich dann allerdings umgewöhnen, der hängt aus unerfindlichen Gründen an ihr.

Wahrscheinlich sind es die Pferdeleckerli in ihrer Tasche. Auf die falle ich auch immer rein. Eine weitere wichtige Rolle auf unserem Speiseplan spielen die Beruhigungskräuter in der Futterkammer, an denen sich die Frau regelmäßig vergreift.

HERRLICH, DIESES AUSREITEN!

Die sogenannte Besitzerin war wieder an den Beruhigungskräutern in der Futterkammer und fühlt sich wie Ingrid Klimke. „Wir gehen ausreiten, der Lutschi muss ja schließlich auch im Gelände ausgebildet werden", beschließt sie. Der Lutschi ist unser spanisches Mähnenwunder und heißt eigentlich Lucero. Weil er die orale Phase nie so ganz überwunden hat, wird er Lutschi genannt. Aber das wisst ihr ja.

Der Plan sieht so aus: Der Mann lässt sich von mir durch die Wildnis rund um den Hof schaukeln, die Frau – in ihrer Funktion als Ausbilderin und somit ganz wichtig – schwingt sich, mit Sturzhelm und -weste bekleidet, auf den tiefenentspannten Spaniokel, der erstmal aus der Siesta wachgerüttelt werden muss.

„Der ist ja noch jung, da weiß man nie", tönt sie und fällt vor Schreck fast runter, als sich der Lutschi den Kopf am Bein kratzen muss.

Dynamisch verlassen der Mann und ich den Hof. Ausreiten ist ja immer son büschen aufregend. Man weiß auch nie, ob man nicht doch unterwegs von wilden Tieren gefressen wird, da muss man wachsam sein.

Ich beschließe, vorne zu gehen, damit es mich nicht als ersten erwischt. Das spanische Mähnenwunder zockelt apathisch hinterher. Einmal beschleunigt es. Das ist, als sich ein Radfahrer von hinten anschleicht und uns überholt. Die Frau quiekt laut: „Hoooo, ruhig, Lucero!"

Der Lutschi hat währenddessen entdeckt, dass rechts und links vom Weg Gras wächst und stürzt sich begeistert auf die Vegetation. „Aber ruhig ist er", stellt der Mann fest. Die Frau guckt böse.

Weiter geht's. Das nächste Fahrrad kommt, diesmal von vorn. Wusstet ihr schon, dass Fahrräder bergauf, bergab und sogar im Wald fahren können? Also ich wusste das nicht. Ok, bergab, kennt man ja. Bergauf auch, das heißt dann E-Bike. Oder so, wie es die sogenannte Besitzerin macht, das nennt sich schieben. Dieses Exemplar fährt aber, und zwar sehr zügig. Und es ist nicht allein. Ihm folgt eine Horde Rennräder, die ebenfalls mit einem Affenzahn an uns vorbei rauschen. Das geht so schnell, dass sich keiner von uns erschrecken kann.

Auch irgendwie praktisch, denke ich und rupfe ebenfalls ein bisschen Gras. Wer weiß, was noch so alles passiert, da ist es besser, wenn man sich vorher ausreichend stärkt.

Wie weise das ist, zeigt sich wenig später, als uns ein Trecker begegnet. Mit einem sperrigen Anhänger. Auf einem sehr, sehr kleinen Weg.

Flugs hüpft die Frau vom Lutschi herab und manövriert ihn auf den Acker neben der Straße.

Der Landmann zetert. Irgendwas mit „Raus aus dem Acker!"

Die Frau zetert zurück. Irgendwas mit „Wo sollen wir denn sonst hin?!"

Der Mann und ich gesellen uns dazu und der Trecker fährt endlich an uns vorbei.

Der Lutschi frisst. Ich auch.

Die Frau wirkt mit einem Mal sehr müde.

„Sollen wir umdrehen?", fragt der Mann.

Aber der pädagogische Ehrgeiz ist größer. „Der Lutschi bekommt heute seine Trainingseinheit im Gelände, koste es, was es wolle", tönt die Frau, die mit einem Mal einen Energieschub hat.

Der Mann guckt verschreckt und bereut seine Hilfsbereitschaft. Und wir beide fragen uns, was genau in diesen Beruhigungskräutern drin ist.

Ohne weitere Vorkommnisse erreichen wir den Wald und die Reitwege. Eines haben wir schon gelernt: Im Wald ist man nie allein. Auf einem Reitweg auch nicht. Da gibt es Spaziergänger, Spaziergänger mit Hund, Hunde ohne Spaziergänger, Männer, die an Bäume pinkeln, Geocacher auf Schatzsuche und als Tüpfelchen auf dem i die rüstige Rentnerbande, die mit dem Rad durch den Wald tobt und im Vorbeifahren so ins Taumeln gerät, dass sich doch tatsächlich einer der betagten Herren am Lutschi abstützen muss.

Also Nervenkitzel pur. Der Lutschi lässt sich aber nicht irritieren. Während die sogenannte Besitzerin hyperventiliert, untersucht er die Bäume auf ihren Nährwert. Im Wald kann man nämlich nicht nur vom Boden essen, nein, weiter oben ist es auch lecker. Meine anfänglichen Vorbehalte gegen den Aufenthalt in der Wildnis schwinden.

Bis wir Hufgetrappel hören. Da ist sogar der Lutschi kurzfristig wach. Das ist ja das ultimative Feindbild: andere Ausreiter! Die machen es immer falsch, findet die sogenannte Besitzerin. Entweder sind sie zu schnell, zu langsam, kommen aus der falschen Richtung (von vorn), kommen aus der falschen Richtung (von hinten) oder sind einfach unhöfliche Irre. So wie sie. Dann gibt es noch die Netten und die Anderen (Mehrfachkombinationen sind möglich). Die Netten, das sind die, die zum Schritt durchparieren, wenn sie sich nähern. Die Anderen reiten alle Gangarten außer Schritt, wenn sie an einem vorbeiknattern.

Nach mehreren dynamischen Begegnungen fragt der Mann: „Sollen wir doch lieber wieder auf die Straße?" und die Frau nickt verzagt. „Da ist nicht ganz so viel los."

Was ich persönlich für die Untertreibung des Jahrhunderts halte. Sogar auf der Autobahn wäre weniger Verkehr als auf dem Reitweg. Und ich weiß ja nicht, wie das bei euch so ist, aber ich finde, Herdentrieb und Gesellschaft werden echt überbewertet.

Wenn einem ständig jemand vor die Füße springt, verliert das irgendwann seinen Reiz. Meine zarten Nerven liegen jedenfalls blank und ich möchte jetzt bitte aus dem Bällebad abgeholt werden und nach Hause. Was ich auch deutlich kommuniziere.

Der Mann trägt es mit Fassung.

Die Frau und der Lutschi sind weit hinter uns und stehen noch irgendwo im Grünen, weil der Lutschi erst noch aufessen will.

Ohne mich, ich bin dann mal weg. Sollen die doch gucken, wie sie ohne mich klarkommen.

„Aber geländesicher ist er!!!!", trompetet uns die Frau hinterher.

„DAS HAB ICH MIR JETZT ABER ANDERS ÜBERLEGT!"

„Sollen wir nachher noch ausreiten gehen?", fragt Horstis Besitzerin, und die Frau stimmt zu. Wir sind ja jetzt die tollkühnen Ausreiter und alle sollen es sehen, jawohl!

Blöd nur, dass zur verabredeten Uhrzeit weit und breit nichts von mir und der sogenannten Besitzerin zu sehen ist. Wir sind nämlich in der Longierhalle, was Frau Horsti durch Zufall herausfindet.

„Hab ich mir anders überlegt, sah nach Regen aus", erwidert die Frau, als Frau Horsti an das Ausreit-Date erinnert.

Und warum das Ganze? Die sogenannte Besitzerin hat ein neues ~~Hirngespins~~t Wort gelernt. Und zwar „kapriziös". Ich weiß nicht, wo sie solche Ausdrücke herhat. Findet sie aber mega und will sie total gern sein. Weil es angeblich das Leben bereichert, wenn man jeder Laune spontan nachgibt, vertraut uns die lustige Irre an, zu der unsere Besitzerin mutiert ist. „Das Leben ist nämlich kurz und man muss es bewusst leben."

Das spanische Mähnenwunder ist schon eingeschlafen und schnarcht leise. Ich bleibe wach und höre weiter zu.

Wesentlicher Bestandteil des bewussten Lebens ist ihrer Meinung nach, dass man jeder Laune sofort und bedingungslos nachgibt und sich einen Dreck um Vereinbarungen schert. Sie drückt es anders aus, aber darauf läuft es hinaus. Und sie wäre nicht launisch und unzuverlässig, sondern vielmehr kapriziös und charmant.

Also ich nenne das Realitätsverlust und Dachschaden, aber ich bin ja hier nur das Pferd und mich fragt keiner.

Jetzt hört sie auf zu sprechen.

Der Mann und ich gucken uns an. Ok, sie hat Leckerli in der Tasche, das ist zweifellos eine gute Charaktereigenschaft. Und sie ist wirklich süß, wenn sie sich so aufregt, denke ich mir und beobachte die Hosentasche mit den Leckerli scharf. Ob ihr schon aufgegangen ist, dass man sich sensationell unbeliebt macht, wenn man seine Meinung im Sekundentakt ändert? Noch nicht, vermute ich, aber bestimmt merkt sie es später. Aber der Reihe nach.

Wenig später: Frau Reitlehrerin steht mit suchendem Blick da. Die sogenannte Besitzerin hat nämlich ganz spontan Reitunterricht gebucht. Jetzt ist sie leider nicht mehr da. „Hab ich mir anders überlegt", teilt sie per WhatsApp mit.

Genau dasselbe, als sie mit ihrer Bald-nicht-mehr-Freundin Frau Horsti verabredet hat, Horsti, mich und das spanische Mähnenwunder nochmal auf die Weide zu stellen. Hat sie sich anders überlegt, kann man nix machen.

Oder der groß geplante, langfristig angelegte Wechsel der Einstreu von Stroh auf Späne. Weil wir angeblich ein wenig unschlank geworden sind. Genau wie sie. Also karrt der Mann, der es mittlerweile eigentlich besser wissen müsste, einen Haufen Späne an. „Brauchen wir nicht mehr, ich hab mir das anders überlegt. Bis grade eben hat sich das noch gut angefühlt, aber jetzt nicht mehr."

Ich persönlich finde Späne längst nicht so schmackhaft wie Stroh, von daher habe ich daran ausnahmsweise nichts auszusetzen.

Als nächstes steht der Termin mit dem Hufschmied an, wo sich jeder vernunftbegabte Pferdebesitzer freut, wenn der Hufbearbeiter des Vertrauens halbwegs pünktlich erscheint. Nicht so bei uns: „Das hab ich mir aber anders überlegt", murmelt die Frau bockig, als der Eisenbieger gerade auf den Hof gefahren kommt. „Jetzt wollte ich lieber ausreiten."

Das muss sie auch, weil sie der Eisenbieger laut schimpfend vom Hof jagt. Und das spanische Mähnenwunder gleich mit.

„Wie ungesittet. Man kann doch mal seine Meinung ändern", äußert sie beleidigt, als der Mann und ich den Lutschi und sie am nahegelegenen Grünstreifen aufsammeln. „Hmpf."

Und da haben es der Mann und ich es uns auch anders überlegt und einen herrlich entspannten Männerspaziergang gemacht, mit ganz viel Gras to go und Seele baumeln lassen. Selber hmpf.

Was sich die sogenannte Besitzerin auch anders überlegt hat, ist ihre Einstellung dem Reitunterricht gegenüber. Beziehungsweise dem Dressurreiten. Was ich persönlich prima finde, weil mir diese Kringelreiterei manchmal echt auf den Zeiger geht.

IN DER NATUR GIBT'S DAS AUCH NICHT

„Warum tun wir das eigentlich?", fragt die Frau, während wir Frau Reitlehrerin im Trab umkreisen, auf die besonders eckige Art, die unsere Zirkel auszeichnet.

„Um den Pfridolin zu gymnastizieren", antwortet Frau Reitlehrerin. „Durch das gleichmäßige Biegen auf beiden Händen wird er geradegerichtet und wir können übermäßigem Verschleiß entgegenwirken. Außerdem trainiert er dabei seine Bauchmuskeln und die Hinterhand gleich mit."

„Meine auch", keucht die Frau mit hochrotem Gesicht und hat Fragen. Zum Beispiel: Muss das so anstrengend sein? Und so furchtbar schwer? Warum sieht das bei anderen so einfach aus? Und warum lasse ich mich eigentlich so quälen? „In der Natur laufen Pferde auch nicht stundenlang im Kreis", fasst sie schließlich ihren Unmut zusammen. „Zum Biegen müsste doch eine Runde genügen. Und dann wieder geradeaus. Überhaupt ist dieses Dressurreiten nicht gut, das gibt's in der Natur auch nicht."

„Definiere Natur", sagt Frau Reitlehrerin.

„Ja so Freiheit und draußen halt. Mit Wildpferden."

„Ah", macht Frau Reitlehrerin.

„Ich möchte viel lieber ohne Sattel und ohne Trense reiten und mich einfach so mit dem Pfridolin verständigen", spricht die sogenannte Besitzerin weiter. „Das sieht bei anderen so schön aus, und die Pferde steigen und machen Piaffe und die Reiterinnen tragen hübsche Kleidchen dabei. Und da schwitzt keiner und anstrengend ist es auch nicht."

„In der Natur tragen Pferde auch keine Reiter. Und Piaffe ist schon auch Dressurreiten", erwähnt Frau

Reitlehrerin mit einem freundlichen Lächeln.

„Aber irgendwie auch natürlich. Pferde haben doch diesen wundervollen Instinkt und wissen genau, was ihnen guttut. Die machen das von ganz allein!", argumentiert die Frau, die noch nicht gemerkt hat, dass sie auf verlorenem Posten kämpft. ~~Generell merkt sie nicht viel.~~

Aber Frau Reitlehrerin ist noch nicht fertig. „Pferde haben wundervolle Instinkte, keine Frage. Die ihnen in der Natur beim Überleben helfen. Einen Gymnastik-Instinkt, der ihnen sagt, welche Turnübungen gerade gut für sie sind, haben sie aber leider nicht."

Die Frau zieht eine Schnute.

Frau Reitlehrerin spricht weiter: „Die Reiterinnen, die diese hübschen Videos auf Instagram posten, reiten sonst auch mit Sattel und Trense. Und ohne Kleidchen, weil das einfach unpraktisch ist. Die Videos sind kurze Momentaufnahmen, bei denen natürlich nur die schönsten Momente zusammengeschnitten werden."

Aber bei uns kann man stundenlang filmen und es ist kein schöner Moment dabei. Und du bist das schuld, denkt die sogenannte Besitzerin, spricht es aber zum Glück nicht aus.

Frau Reitlehrerin ist noch nicht fertig. „Und schließlich sind die Pferde und Ponys ganz klassisch ausgebildet und werden einfach nur mit immer feineren Hilfen geritten, so dass man die Hilfsmittel nach und nach reduzieren kann."

„Hilfsmittel? Gibt's in der Natur ja auch nicht. Was meinst du eigentlich?", erkundigt sich die Frau.

„Sattel und Trense zum Beispiel."

Ach. Fand die Frau ja immer ganz praktisch, von wegen besserem Halt und Lenken und mehr Sitzkomfort. Ernüchtert vernimmt sie, dass es keinen Natur-Reitzauber gibt, der die von ihr so beneideten elfengleichen Wesen auf ihren piaffierenden und steigenden Pferden hält, und stellt mit gerunzelter Stirn fest: „Dieses Reiten mit

Röckchen gibt's ja in der Natur auch nicht."

„Eigentlich überhaupt kein Reiten", erwidert Frau Reitlehrerin sanft. „Wenn Menschen auf Pferden reiten, ist immer irgendeine Art von Zivilisation und Ausbildung im Spiel."

„Ich bin ja ohnehin nicht so der Röckchen-Typ", kommentiert die Frau, die gedanklich längst auf neuen Abwegen ist. „Eigentlich ist das Reiten, was wir so machen, schon ganz ok. Mehr Natur wäre halt schön."

„Wenn du willst, können wir gern Unterricht im Gelände machen", bietet Frau Reitlehrerin an. „Das macht dem Pfridolin bestimmt auch Spaß. Und ist in der Natur."

„Geht das?", staunt die sogenannte Besitzerin.

„Klar", strahlt Frau Reitlehrerin und setzt ihr auseinander, dass man auch im Gelände dressurmäßig reiten kann, mit Übergängen, Seitengängen und vielem mehr. Sie selbst würde ihren Dieter satteln und gemeinschaftlich würden wir die nahegelegenen Reitwege aufsuchen.

„Aber da sind so viele Leute!", barmt die Frau.

„Wunderbar", strahlt Frau Reitlehrerin. „Da haben wir ganz viele natürliche Übungssituationen, die wir trainieren können."

Ogottogott. Aber andererseits coole Idee. Unterricht im Gelände, das macht sonst keiner. Die Frau ist hin- und hergerissen. Nach kurzer Überlegung steht fest, dass Dieter eine Lebensversicherung im Gelände ist. Und Frau Reitlehrerin sowieso jeder Situation gewachsen. Sie entspannt sich wieder. „Und der Mann kommt mit und macht Fotos für Insta", träumt sie. „Wir sagen es ihm aber noch nicht, es soll eine Überraschung werden."

Ich bin ja hier nur das Pferd und hab eh keine Ahnung, aber bestimmt weint er Freudentränen, wenn er mit der Fotoausrüstung drölfzig Kilometer hinter den beiden Neu- Insta-Elfen herwandern kann.

Aber wir kennen die sogenannte Besitzerin und wissen um ihre Begeisterungsfähigkeit, die starken Schwankungen unterliegt. Was gestern noch OMG WIE GROSSARTIG!!!! war, lockt heute keinen mehr hinterm Ofen vor. Beziehungsweise in den Stall. Da muss dann schon eine neue Attraktion her. Wie zum Beispiel ein meterlanger Knüppel, mit dem man sich mühelos selbst erschlagen kann.

GARROCHA FÜR DUMMIES

Hach, Garrocha. Das wär's doch, denkt die sogenannte Besitzerin und malt sich aus, wie sie - zugleich lässig und elegant – die lange Stange mal hierhin, mal dorthin hält und damit anmutige Wendungen und Handwechsel reitet. Das nennt man übrigens Realitätsverlust. Eines Tages ist der Wunsch so groß, dass sie nicht länger widerstehen kann. Möglicherweise ist auch Langeweile im Spiel. Also beauftragt sie den Mann damit, eine zu beschaffen – egal wie.

Woher nehmen und nicht stehlen?

Egal wie hört sich ja erstmal toll an. Der Mann, der seine Liebste mittlerweile besser kennt und weiß, wie schnell ihre Leidenschaft erkalten kann, findet es aus diesem Grund wichtig, dass das Gerät gut zu verstauen ist, wenn man es gerade nicht braucht. So wie wir die sogenannte Besitzerin einschätzen, wird es nämlich nach einmaligem Ausprobieren in irgendeiner dunklen Ecke Staub ansetzen.

Rasch wird gegoogelt, und siehe da, die allermeisten Garrochas sind teilbar. Was ja schon für den Transport günstig ist, wenn man so was im Internet bestellt. Das Dingens muss ja auch irgendwie ins Postauto reinpassen.

Aber teuer sind die. Zum Glück gibt's Anleitungen, wie man sich so eine lange, unhandliche Stange, die einem beim Reiten Probleme macht, auch selber basteln kann.

Findet der Mann prima, weil ihm das Basteln Spaß macht. Die Frau insgeheim auch, weil sie so sehr viel in den Herstellungsprozess reinquatschen kann. Wer es selbst nicht kann und auch keinen hat, der einem sowas zusammenzimmert, bestellt sich eine Garrocha im Internet. Und bis die endlich da ist, kann man sich schon mal – zumindest in der Theorie – mit dem Handling auseinandersetzen. Spätestens jetzt nochmal die Warnung: Nachmachen auf eigene Gefahr, die sogenannte Besitzerin weiß für gewöhnlich nicht, was sie tut.

Blöderweise hat auch Frau Reitlehrerin bisher keine Garrocha-Ambitionen gezeigt. Auch sonst gibt es anscheinend wenig Leute, die sowas unterrichten. Ganz zu schweigen von Büchern. Was also tun? Klassiker: YouTube-Videos gucken und versuchen, das Gesehene nachzumachen.

Frau Reitlehrerin wird nochmal befragt, ob sie sich denn ganz eventuell vorstellen könnte, die Frau bei den Anfängen mit der Garrocha zu unterstützen, damit sie weder mir noch sich selbst damit den Schädel einschlägt.

Weil Frau Reitlehrerin gern lacht und insgeheim die Befürchtungen des Mannes teilt, willigt sie ein, sich ebenfalls mit Hilfe von Videos fortzubilden und die Bemühungen der Frau zu überwachen.

Damit wenigstens ein vernunftbegabter Mensch dabei ist, murmelt der Mann so leise, dass ihn die Frau nicht hört. Aber da muss er sich keine Sorgen machen, die ist ohnehin nicht mehr von dieser Welt und hängt pausenlos vor PC oder Handy, um die Stockwedelei zu studieren.

STOCKWEDELN, DIE ERSTE. WIE FASST MAN DAS DINGENS EIGENTLICH AN? ERSTE HANDWECHSEL

Die Frau hält sich ja nach wie vor für ein Naturtalent. Zumindest so lange, bis sie die fertige Garrocha in der Hand hält. Aus Sicherheitsgründen am Boden, weit weg von irgendwelchen Pferden. Frau Reitlehrerin hat nämlich vorgeschlagen, doch erst mal ohne Pferd zu üben, wie man mit dem langen Stock am besten umgeht.

Denn genau das ist er. Lang. Und schwerer als erwartet. Und die Fragezeichen auf der Stirn der sogenannten Besitzerin werden immer größer.

„Du nimmst sie in die rechte Hand. In der linken sind die Zügel. Das ist bei Arbeitsreitweisen so üblich", teilt Frau Reitlehrerin mit.

„Ah. Oh."

„Und zwar fasst du nicht am spitzen Ende an."

„Nein?"

„Nein. Das zeigt nach unten. Du greifst sie weiter oben im sogenannten Untergriff. Sprich: Die Garrocha fällt in deine geöffnete Hand. Danach schließt du die Hand wieder."

„Oh. Ah." Kurze Pause. „Ups, runtergefallen."

„Prima, dann kannst du sie direkt aufheben und das mit dem Untergriff wiederholen. Und jetzt spielst du Pferdchen und läufst im Kreis um die Spitze der Garrocha herum. Also quasi eine Volte, bei der du die Garrocha mit der locker herabhängenden rechten Hand führst."

„Oh. Ah." Hoffentlich guckt keiner, denkt die Frau und galoppiert brav an. Wer hätte gedacht, dass der blöde Stock so schwer ist. „Und wie gehen Handwechsel? Ich bin ja jetzt auf einer Rechtsvolte. Wie geht denn linksrum?", fragt sie, weil sie sich an die geguckten Videos nur schemenhaft erinnern kann.

Zum Glück kennt sich Frau Reitlehrerin mit dem Erlernen neuer Bewegungsabläufe besser aus und antwortet lässig: „Du hast zwei Möglichkeiten, die Hand zu wechseln. Die einfache, das ist eine Wendung nach außen. Oder die anspruchsvollere, das ist die Wendung nach innen, unter der Garrocha durch."

Die Frau hat sich schon wieder mit ihren Körperteilen verheddert und möchte die einfachere Möglichkeit. Frau Reitlehrerin dirigiert: „Die Hand ganz nach oben strecken und nach links abwenden, dabei nimmst du die Hand mit der Garrocha wieder herunter, so dass du den Arm vor dem Körper und die Garrocha auf der linken Seite hast. Jetzt kannst du Linksvolten um die Garrocha herum gehen."

„Man bricht sich tatsächlich nicht die Hand dabei!" Die Frau ist begeistert. „Und wie geht es wieder zurück?"

„Du nimmst den rechten Arm nach oben und machst eine Wendung nach rechts."

„Verrückt! Und das Handgelenk ist immer noch nicht gebrochen!", jauchzt die Frau.

Und damit das so bleibt, beschließt Frau Reitlehrerin, mit diesem Erfolgserlebnis für heute aufzuhören. „Morgen üben wir die Wendung nach innen."

Die anspruchsvolle Variante, die Frau erinnert sich. Und fühlt sich ganz schön verwegen.

Ich persönlich könnte mir noch stundenlang angucken, wie sie mit dem langen Stock herumläuft, aber man soll ja bekanntlich aufhören, wenn's am Schönsten ist.

IMMER NOCH KEINE GEBROCHENEN KNOCHEN!
GARROCHA: HANDWECHSEL NACH INNEN

Mit der sogenannten Besitzerin ist es nicht auszuhalten. Sie zappelt herum, als wäre sie an den Stromzaun gekommen. Und hüpft und springt wie ein Dreijähriger. Und warum der Aufriss? Weil Madame endlich eine Garrocha hat und bei Frau Reitlehrerin lernt, wie man sich damit nach Möglichkeit nicht den Schädel einschlägt.

Reitstunde kann man das nicht nennen, weil die Frau die Übungen zu Fuß macht. Aus Sicherheitsgründen. Dafür aber mit einer amtlichen Garrocha, was die Aufregung wenigstens teilweise erklärt.

Gerade versucht sie sich zu erinnern, was sie schon gelernt hat, und das ist nicht viel. Man nimmt die Garrocha in die rechte Hand, mit einem Untergriff. In der linken Hand sind die Zügel. Also wären sie, wenn sie das mit Pferd üben dürfte, wo sich Frau Reitlehrerin komischerweise verweigert hat. Also links theoretisch die Zügel. Der rechte Arm mit der Garrocha hängt locker herunter. Jetzt kann man Rechtsvolten um die Garrocha herumgaloppieren. Man könnte natürlich auch einfach gehen, aber Galopp sieht lustiger aus. Was wahrscheinlich der Grund ist, warum Frau Reitlehrerin diese Gangart angeordnet hat.

Also Galopp Galopp Galopp und dann die rechte Hand hoch, Linkswendung und dann Linksvolte. Na also. Wie bei den Profis, denkt die Frau und ist sehr zufrieden mit sich.

„Du hast dich schon mal locker gemacht, prima!", lobt Frau Reitlehrerin, die gerade angekommen ist. „Dann können wir ja direkt mit den Handwechseln nach innen loslegen." Also locker und die Frau, das schließt sich gegenseitig aus. Aber Frau Reitlehrerin ist halt eine gute Pädagogin.

Handwechsel nach innen, die anspruchsvolle Variante, denkt die Frau und ist sehr stolz auf sich.

Frau Reitlehrerin prüft: Garrocha in der rechten Hand – check. Untergriff- check. Imaginäre Zügel links, in der ordentlich aufgestellten Zügelfaust. „Jetzt nimmst du den rechten Arm nach hinten hoch."

Die Frau hebt den Arm.

„Nach hinten und hoch", präzisiert Frau Reitlehrerin.

„Mach ich doch", schnauft die Frau verärgert.

„Das andere hinten", lächelt Frau Reitlehrerin unbeeindruckt.

Nach vielem hin und her ist endlich der rechte Arm (mit Garrocha!) hinten- oben in der Luft.

„Und jetzt", ordnet Frau Reitlehrerin an, „eine Wendung nach rechts. Und wenn dein unsichtbares Pferd unter der Garrocha durch ist, senkst du den rechten Arm wieder. Die Garrocha ist dann auf deiner linken Seite und dein rechter Arm liegt quer vor deinem Oberkörper."

Ein leises Plock! verrät, dass die Garrocha die Wendung nicht geschafft hat und auf dem Boden liegt. „Wunderbar, da kannst du das direkt wiederholen", strahlt Frau Reitlehrerin.

„Wer hätte gedacht, dass dieser blöde Stock so unhandlich ist", schnauft die Frau verärgert, während sie die Garrocha aufhebt und die Wendung wiederholt. „Und so schwer. Und überhaupt. Und wie lenkt man eigentlich, wenn man nur die linke Hand für die Zügel hat?"

„Das bereiten wir noch vor." Frau Reitlehrerin lächelt ihr pädagogisches Lächeln und beobachtet wohlwollend, wie die Frau mit dem langen Stock Achten galoppiert, mit Handwechseln nach innen und nach außen. Ich kann Frau Reitlehrerin verstehen, ich könnte der Frau dabei auch stundenlang zugucken. „Außerdem muss der Pfridolin die Garrocha erst mal von unten kennenlernen."

Der wer??? Nicht dein Ernst, oder? Vor Schreck wäre mir fast das Heu aus dem Mund gefallen. Reaktionsschnell, wie ich nun mal bin, weiß ich das zu verhindern.

Aber die sogenannte Besitzerin ist selbst nicht überzeugt. „Der Pfridolin ist so launisch", wendet sie ein.

Halloooo? Ich bin nicht launisch, ich bin intelligent!

„Vielleicht nimmst du lieber den Lutschi, der ist ruhiger", schlägt Frau Reitlehrerin vor.

Noch ruhiger als der Lutschi, was bekanntlich unser spanisches Mähnenwunder ist, ist nur ein Stein. Ich denke auch, dass das die besten Voraussetzungen sind, um sich einen dreieinhalb Meter langen Stock um die Ohren wedeln zu lassen, und entspanne mich wieder.

Da sich die Frau schon mal warmgelaufen hat und die Garrocha eh da liegt, findet Frau Reitlehrerin, dass es nun an der Zeit ist, das spanische Mähnenwunder damit bekanntzumachen.

„Garrocha, Lutschi, Lutschi, Garrocha", stellt die Frau vor und hält dem Lutschi den langen Stock unter die Nase.

Der Lutschi ist nur mäßig beeindruckt.

„Dann leg die Garrocha mal ab und führ den Lutschi im Schritt außen rum", ordnet Frau Reitlehrerin an, nachdem sie sich davon überzeugt hat, dass außer uns keiner den Reitplatz benutzen will. Nach ein paar Schrittrunden, die der Lutschi für einen spontanen Imbiss genutzt hat, darf die Frau die Garrocha wieder aufheben.

Der Lutschi macht die Augen zu und träumt vom Essen.

Frau Reitlehrerin beschließt: „Weil er so entspannt ist, kannst du die Garrocha jetzt neben seinem Körper bewegen und ihn auch mal vorsichtig damit berühren. Wenn du mit Garrocha reitest, ist ihm die Stange ja sehr nah und berührt ihn unter Umständen auch."

„Auf den Videos, die ich gesehen habe, nicht", widerspricht die sogenannte Besitzerin. „Da kommt die Garrocha nicht ans Pferd."

Frau Reitlehrerin und ich sehen uns an. Kennt ihr, oder? So Blicke, wo Kontinente explodieren und Welten erschaffen werden. Frau Reitlehrerin fasst sich wieder und formuliert diplomatisch: „Das sind ja auch Profis. Bei den ersten Versuchen kann es durchaus mal sein, dass die Garrocha aus Versehen ans Pferd kommt."

Aus Versehen oder aus Blödheit. Wenn die Reiterin nämlich ein Vollhorst ist und zwei linke Hände hat, so wie in unserem Fall, denke ich. Der Lutschi denkt grade gar nix, weil er immer noch im Tiefschlaf ist.

„Naaaaa gut." Die sogenannte Besitzerin wedelt gehorsam mit der Garrocha neben, vor und hinter dem Lutschi herum. Schließlich weckt sie ihn auf und führt ihn auf dem zweiten Hufschlag, während sie sie Garrocha mal auf seiner linken, mal auf seiner rechten Seite trägt.

Frau Reitlehrerin ist zufrieden. „Dann können wir uns jetzt mit dem einhändigen Reiten beschäftigen. Und dann…"

„Jaaaaaa?", giert die Frau.

„… probieren wir das mit der Garrocha von oben aus."

„JA! Ich habs eben einfach drauf", denkt die Frau laut. „Schon cool, wenn man so ein Naturtalent ist!" Und an Frau Reitlehrerin gewandt: „Warum lachst du?"

„Nur ein Husten", ächzt die, während ihr Lachtränen übers Gesicht laufen. Diplomatie kann sie.

GARROCHA FÜR DUMMIES:
ERSTER VERSUCH VON OBEN, MIT GARROCHA
UND VIEL HILFE VON UNTEN.

„Ich bin schon ganz gespannt, wie das einhändige Reiten funktioniert", vertraut uns die sogenannte Besitzerin an, als sie den Lutschi, unser spanisches Mähnenwunder, für den Reitunterricht fertigmacht. „Wir machen ja jetzt Garrocha von oben!"

Im Gegensatz zu Garrocha von unten, womit sie sich in letzter Zeit beschäftigt hat. Umso länger wird ihr Gesicht, als Frau Reitlehrerin statt der ersehnten Garrocha nur den uncoolen Halsring in der Hand hält.

„Ich freu mich auch, euch zu sehen", lächelt Frau Reitlehrerin.

„Warum denn der blöde Halsring und nicht die Garrocha", nörgelt die sogenannte Besitzerin. „Ich hatte mich schon so gefreut."

„Der Halsring hilft dir beim einhändigen Reiten", erklärt Frau Reitlehrerin und fädelt den Lutschi in das ungeliebte Accessoire ein.

„Wie denn das, das blöde Ding hat ja nicht mal ein Gebiss. Ich will einhändig reiten, mit Kandare. Die hab ich nämlich schon bestellt, so!", trumpft die Frau auf.

„Das ändert aber nichts daran, dass du zukünftig nicht mehr mit den Zügeln lenken wirst, sondern über den Sitz", lächelt Frau Reitlehrerin unbeeindruckt.

„Tu ich doch", lügt die Frau.

„Prima, dann sind wir ja schnell mit dem Halsring fertig und können die Garrocha nehmen. Die Zügel lässt du erstmal los und fasst den Halsring mit der linken Hand. Durchparieren ohne Zügel haben wir ja schon geübt." Zur

Sicherheit verrät sie aber nochmal, wie das geht: „Du wächst nach oben und unten und atmest dann aus und kippst das Becken ab. Genau so."

Der Lutschi hat Frau Reitlehrerin genau beobachtet und schon erraten, worum es geht – nämlich Rumstehen, seine Lieblingsübung.

„Und jetzt reitest du wieder an und hältst gleich nochmal an. Prima. Als nächstes gehst du auf den zweiten Hufschlag und versuchst, den Lutschi nur durch deinen Sitz auf der Linie zu halten."

Die Linie gerät etwas eigenwillig, findet Frau Reitlehrerin.

Ist aber für Menschen mit gutem Willen durchaus zu erkennen, findet die Frau.

Dann soll der Lutschi durch die ganze Bahn wechseln und danach auf den Zirkel abwenden. Frau Reitlehrerin erklärt auch hier nochmal, wie das geht: „Du schaust dahin, wo du hinwillst, und drehst dich bei Bedarf leicht in die Wendung, so dass deine innere Schulter zurückkommt, die äußere vor. Der innere Schenkel bleibt am Gurt, der äußere – oder besser die äußere Hüfte -, geht leicht zurück."

Frau Reitlehrerin macht es am Boden vor, die Frau turnt oben mit und der Lutschi wendet brav auf den Zirkel ab.

„Mit einer Hand!!!", betont die Frau und Frau Reitlehrerin ist voll des Lobes. Nachdem auch Aus-dem-Zirkel-wechseln klappt, ist der große Moment da: die Frau darf die Zügel wieder aufnehmen, der Halsring kommt weg und die Garrocha zur Frau.

Was sich aber einfacher liest als es in der Umsetzung ist, denn die sogenannte Besitzerin hat ja nach wie vor zwei linke Hände.

Frau Reitlehrerin hält die Garrocha also sicherheitshalber selbst fest und kommandiert: „Die Zügel in die linke Hand. Und zwar durch den kleinen Finger getrennt. Sprich: der linke Zügel kommt unter den kleinen Finger, dann kommt der kleine Finger und dann der rechte Zügel." Mit ein wenig Hilfestellung und viel Vorsagen meistert die sogenannte Besitzerin auch diese Klippe und endlich – ENDLICH – darf sie die Garrocha mit der rechten Hand halten.

„Boah, schwer", stellt sie fest.

„Ja, immer noch", lächelt Frau Reitlehrerin.

„Und wie geht das jetzt?", erkundigt sich die Frau.

Frau Reitlehrerin erklärt: „Ich halte die Garrocha von unten fest und laufe mit. Dann ist die erstens nicht so schwer für dich und zweitens kann dann weniger passieren."

Findet die Frau zwar unter ihrer Würde, aber geht anscheinend nicht anders. Hmpf. „Das gibt aber keine schönen Fotos", sorgt sie sich.

Nein, auch das nicht, aber was gibt bei uns schon schöne Fotos?, würde ich sagen, wenn sie mich fragt, aber ich bin ja hier nur das Pferd und werde unterdrückt. Der Lutschi dagegen hat jetzt ausgeschlafen und guckt Frau Reitlehrerin groß an, als die neben ihm hermarschiert. Ich glaube, er fühlt sich beobachtet.

„Dann lass uns doch gleich mal mit den Handwechseln starten", schlägt Frau Reitlehrerin vor.

„Mimimi", antwortet die Frau, was wohl übersetzt bedeutet, dass sie erst noch ein paar Runden auf dem Zirkel gehen möchte. „Kann die Stange auch ganz sicher nicht runterfallen?", fragt sie.

„Deshalb halte ich sie ja fest", lächelt Frau Reitlehrerin beruhigend.

Ja dann. Mit einem Mal bekommt die sogenannte Besitzerin spanische Gefühle und will schwungvolle Handwechsel reiten. Das sieht ja in den Videos so einfach aus, gell.

Also sagt Frau Reitlehrerin an, was zu tun ist: rechter Arm hoch, Linkswendung und zügig weiter.

Der Lutschi kann mit der diffusen Hilfengebung der Frau nix anfangen und bleibt im entscheidenden Moment stehen. Frau Reitlehrerin ist glücklicherweise genau passend mit dem langen Stock mitgeflitzt und kann so verhindern, dass das spanische Mähnenwunder die Garrocha auf die Kruppe bekommt.

„Oh, ah." Das hat sich die sogenannte Besitzerin aber anders vorgestellt.

„Das machen wir gleich nochmal", findet Frau Reitlehrerin. „Und zwar machst du jetzt wieder einen Handwechsel nach außen und gehst zurück auf die rechte Hand."

Die Frau gehorcht brav: Arm hoch, Rechtswendung, Frau Reitlehrerin flitzt passend mit der Garrocha mit, donnert zwischendurch: „WEITERREITEN!!!!", und juhu, rechte Hand.

Das ist doch schwieriger als gedacht, findet die sogenannte Besitzerin.

Frau Reitlehrerin muss ihr da recht geben. „Aber: Das Lenken hat gut geklappt, und den Rest können wir noch üben, gern auch ohne Pferd, bis du die Bewegungen im Schlaf kannst."

Ach nein, das hätte sie sich anders vorgestellt, winkt die sogenannte Besitzerin ab.

Der Mann und ich gucken uns an und denken das Gleiche: Wie praktisch, dass die Garrocha teilbar ist, so kann man sie viel besser im Keller verstauen.

Nachdem das Thema Garrocha vorerst durch ist, kann sich die sogenannte Besitzerin wieder um das kümmern, was sie Reitkunst nennt und wozu alle anderen *Kringelreiten mit seitwärts* sagen. Das sind natürlich alles ungebildete

Banausen, die von nix eine Ahnung haben, denn im Gehirn der Frau tummeln sich Wahnvorstellungen von der Wiener oder einer beliebigen anderen Hofreitschule, der sie sich zugehörig fühlt.

Also fast. So gut wie.

AUFHÖREN, WENN'S AM SCHÖNSTEN IST

„Gut gemacht", strahlt Frau Reitlehrerin, lobt ihren Dieter nach einer besonders gelungenen Traversale, pariert durch und sitzt ab. Die Pferdeprofis hinter der Bande gucken komisch. Die Reaktionen reichen von „Wie jetzt?" und „WTF?" bis zu „Die reitet doch erst eine halbe Stunde, warum hört sie denn jetzt schon auf?"

„Weil sie es kann", würde ich sagen, aber ich bin ja hier nur das Pferd und werde für gewöhnlich nicht gefragt.

Beim nächsten Mal Reiten dasselbe: Streber-Dieter macht irgendwas gut und Frau Reitlehrerin hopst wie von der Tarantel gestochen herunter.

Am nächsten Tag haben die Frau, meine sogenannte Besitzerin, und ich Reitunterricht. Die Frau bildet sich bekanntlich ein, Reitkunst zu treiben, und weil uns die Basics ausnahmsweise mal gut gelungen sind, darf sie Seitengänge im Trab reiten. Beziehungsweise was sie dafür hält.

Frau Reitlehrerin hilft von unten, und wenn ich die konfuse Hilfengebung der sogenannten Besitzerin ausblende und mich nur auf Frau Reitlehrerins Körpersprache konzentriere, klappt es auch ganz ordentlich. Weshalb die nach einem sehr schönen Renvers mit einem Mal kommandiert: „Anhalten, loben, absitzen."

Und die Frau so: „Häääää?"

Frau Reitlehrerin ist ein geduldiger Mensch und wiederholt: „Anhalten. Jetzt. Und Loben. Und absitzen."

Widerstrebend gehorcht die Frau. Das Anhalten ist dabei nicht das Problem, das mach ich von allein und zwar sehr gern, aber die letzten zwei Sachen fallen ihr schon schwer. Aber bevor Frau Reitlehrerin sie am Bein von mir herunterzieht, sitzt sie lieber selbständig ab. Jetzt steht sie neben mir und fragt mit Blick auf die Uhr: „WARUM???? Die Reitstunde ist doch noch gar nicht um."

„Für heute ist die Reitstunde um. Du musst auch nicht den vollen Preis zahlen, weil wir nicht die volle Zeit gemacht haben. Aber der Pfridolin hat sich jetzt so angestrengt und es so gut gemacht, dass wir mit diesem Erfolgserlebnis aufhören wollen."

Wollen wir das? Die sogenannte Besitzerin ist noch nicht überzeugt. Dementsprechend grantig guckt sie.

Was aber komplett an Frau Reitlehrerins Gute-Laune-Beschichtung abperlt. Lächelnd fährt sie fort: „Wir wollen ja schließlich ein motiviertes Pferd, das sich mit feinen Hilfen reiten lässt."

Wollen wir das? Die Frau überlegt. Ja, das wollen wir, entscheidet sie nach einer gewissen Bedenkzeit. Ihr Gehirn ist halt nicht so aktiv wie meins, ihr kennt sie ja.

„Und dafür ist es günstig, wenn wir die Reitstunde positiv beenden."

Davon hat die Frau mal was gehört. Man soll immer mit einem Erfolgserlebnis aufhören, erinnert sie sich. Aber warum? Und woher nimmt man dieses Erfolgserlebnis, wenn man es mal braucht?

„Im Idealfall macht man es so, dass man das Pferd für eine besonders gute Leistung belohnt, und zwar auf eine Art und Weise, an die es sich noch lange erinnert."

Ah. Man kann das Erfolgserlebnis nicht herbeizaubern, aber wenn es schon mal da ist, sollte man es nutzen. Der Frau raucht der Kopf vor lauter Nachdenken und kluger Ideen. Als Frau Reitlehrerin sie dann noch fragt, wie denn das Gedächtnis funktioniert, hätte sie fast gemeutert. Woher sie denn sowas wissen sollte, das hätte doch mit Reiten nix zu tun.

Frau Reitlehrerin lächelt beruhigend und beantwortet

die Frage selbst: „Wenn man Pferde ausbildet, ist es ganz praktisch, wenn man weiß, wie deren Gehirn arbeitet."

Hach, Pferde ausbilden, das wär's doch! Die sogenannte Besitzerin ist jetzt wieder auf Kurs und lauscht motiviert. Übrigens ist jeder Reiter auch Pferde-Ausbilder, aber die meisten wissen es nicht. Wir Pferde lernen in jeder Reiteinheit etwas, manchmal sogar das, was wir sollen.

Aber die Frau lernt auch was. Staunend erfährt sie, dass die Erinnerung an ein Ereignis – zum Beispiel die letzte Reitstunde – von zwei Dingen bestimmt wird: Dem Höhepunkt des Ganzen und dem Endpunkt. Klar, man erinnert sich immer am besten daran, wie etwas aufgehört hat. Schon, weil das noch nicht so lange her ist wie der Rest. Das hat sich Frau Reitlehrerin auch nicht ausgedacht, dazu gibt es Studien. Und wenn man diese Erkenntnis dazu nutzen will, jemand zu motivieren, so dass dieser Jemand den Reitunterricht toll findet, dann wäre es ausgesprochen pfiffig, wenn man das Highlight und den Endpunkt miteinander kombiniert.

Das versteht die Frau. „Aber wieso sollte ich denn absitzen?", fragt sie.

„Weil das die größte Belohnung für ein Pferd ist. Und weil das Pferd so lernt, dass sich die Anstrengung lohnt."

„Ach", sagt die Frau da und hat das Gefühl, einer großen Sache auf der Spur zu sein. „Und deshalb ist der Dieter immer so motiviert?"

„Genau deshalb", lächelt Frau Reitlehrerin und die Frau fühlt sich ganz schön schlau.

Soviel zu Dieter. Kommen wir nun zu Horsti. Der hat's auch nicht leicht, was die Besitzerin betrifft. Kein Wunder, dass die sich mit der Frau so gut versteht. Wobei die Frau ja ordentlich meinungsflexibel ist. Sie meint, das macht ihren besonderen Charme aus.

Ich persönlich finde ja, dass die Leckerli in ihrer

Hosentasche ihre beste Charaktereigenschaft sind. Aber jetzt geht's erstmal um Horsti.

EINE REITBETEILIGUNG FÜR HORSTI

„Und dann hat sie den Tierarzt angerufen, stell dir mal vor!" Neugierig spitze ich die Ohren. Horsti, der pummelige Braune, von dessen Reitbeteiligung gerade die Rede ist, hatte eine unklare Lahmheit. Oder auch nicht, je nachdem, wer gefragt wird. Schlussendlich hat sich die Reitbeteiligung erdreistet, den Tierarzt zu rufen. Zu einer Behandlung ist es aber nicht gekommen, weil Horstis Besitzerin dazwischen gegrätscht ist und die Reitbeteiligung in eine Ex-Reitbeteiligung verwandelt hat. Jetzt erzählt sie der Frau, meiner sogenannten Besitzerin, was da im Einzelnen schiefgegangen ist. „Frech, oder?"

Die sogenannte Besitzerin nickt, gibt aber zu bedenken: „Wenn sie den Tierarzt bezahlt, hast du Geld gespart."

„Da geht es ums Prinzip", schnauft Frau Horsti böse. „Das ist mein Pferd und was damit passiert, entscheide ich."

„Aber wenn der Horsti doch lahmt?"

„Der lahmt nur, wenn er arbeiten soll. Auf der Weide ist der ganz prima galoppiert."

Im Galopp sieht man eine Lahmheit auch nicht halb so gut wie im Trab, und wenn ausreichend Adrenalin im Spiel ist, manchmal auch gar nicht. Aber ich bin ja hier nur das Pferd und hab eh keine Ahnung.

Außerdem ist Frau Horsti längst noch nicht fertig. „Es fing schon so komisch an", erinnert sie sich. „Also zuerst hat sie ihm Futter gekauft, weil er laut der Futterberaterin irgendein Spezialzeugs braucht. Alles Verbrecher, wenn du mich fragst."

Die Frau, die ja bekanntlich in allen Disziplinen der Pferdewelt ein Naturtalent ist, pflichtet ihr bei. Seit neuestem kennt sie sich nämlich auch mit Pferdefütterung aus. Findet sie jedenfalls. „Genau, die immer mit ihren komischen Empfehlungen. Hmpf." Dabei ist sie nur stinkig, weil Horstis Ex-Reitbeteiligung sie nicht um ihren fachkundigen Rat gefragt hat. Geschweige denn Frau Horsti. Frau Horsti ist aber entschuldigt, weil sie erstens ihre Freundin ist und zweitens im Wesentlichen durch Abwesenheit glänzt. Weshalb sie auch Reitbeteiligungen am laufenden Band verschleißt.

„Dann hat angeblich der Sattel nicht gepasst, da war ich aber schon in Kanada", fährt Frau Horsti fort.

„Ooooooooh Kanada! Das war bestimmt toll", staunt die sogenannte Besitzerin mit großen Augen.

„Tooootal! Drei Monate sind auch viel zu kurz. Nächstes Mal bleibe ich länger da", erklärt Frau Horsti mit einem wehmütigen Glanz in den Augen.

Die Frau wird grün vor Neid. „Echt? Wann denn?", erkundigt sie sich schmallippig.

„Im nächsten Jahr, ich freu mich schon!"

„Wer kümmert sich denn dann um den Horst?"

„Also die Ex-Reitbeteiligung mit Sicherheit nicht", schnaubt Frau Horsti wütend. „Was die sich alles erlaubt hat! Angeblich hat ja der Sattel nicht gepasst. Also hat die Madame den Sattel vom Sattler kontrollieren und polstern lassen. Natürlich hat sie das auch selbst bezahlt, wo kommen wir denn da hin, wenn ich gar nicht da bin und irgendwelche Rechnungen zahlen soll! Ich bin erst zwei Monate später nach Hause gekommen, da hab ich ja gar nichts von gehabt."

„Gar nichts", echot die sogenannte Besitzerin.

Der Horsti aber vielleicht, denke ich mir. Aber Frau Horsti ist gerade richtig in Rage: „Und dann – stell dir vor – hat sie im Stall übernachtet! Vor Horstis Box! Der konnte bestimmt kein Auge zutun. Aufdringlich, oder?"

„Ja, voll. Warum hat sie das denn gemacht?", wundert sich die Frau, die häuslichen Komfort sehr schätzt und im Traum nicht darauf käme, auf der Stallgasse zu nächtigen.

„Angeblich Verdacht auf Kolik oder so ein Kiki. Was sich so Pferdemädels halt einbilden, um sich wichtig zu tun."

„Also wirklich. Schlimm ist das. Jetzt brauchst du Arme ja schon wieder eine neue Reitbeteiligung, oder? Weil du so wenig Zeit hast."

Und weil sich die unverschämten und unfähigen Reitbeteiligungen dauernd um dein Pferd kümmern müssen, weil du selbst es ja nicht tust, denke ich mir, aber da höre ich Schritte auf der Stallgasse.

Es ist Frau Reitlehrerin, deren geheime Superkraft es ist, überall da aufzutauchen, wo es gerade interessant ist. „Wie geht es denn dem Horsti?", erkundigt sie sich und teilt mit, dass sich die Reitbeteiligung – „Lia heißt sie, oder?" – ganz großartig um Horst gekümmert hat, während seine Besitzerin die Welt unsicher gemacht hat.

Hmpf. Das wollte die gar nicht so genau wissen. Kurz angebunden erklärt sie, dass besagte Lisa oder Lia, diese ganzen Namen kann sich ja kein Mensch merken, seit gestern eine Ex-Reitbeteiligung ist. Aus Gründen.

Das findet Frau Reitlehrerin ganz großartig. „Genau so jemand suche ich für meinen Dieter! Eine verantwortungsbewusste Person, die sich gewissenhaft kümmert. Dazu noch hilfsbereit und motiviert! Das ist wie ein Sechser im Lotto!" Schnell lässt sie sich von Frau Horsti Lias Telefonnummer geben, bevor die den Sechser im Lotto aus ihren Kontakten löscht. Als sie die Stallgasse heruntergeht, hört man ihre Stimme aus der Entfernung: „Hallo Lia, erinnerst du dich noch an mich? ..."

Frau Horsti und die sogenannte Besitzerin gucken sich an. Irgendwas ist jetzt komisch, denken beide. Vielleicht kommen sie noch darauf.

Als der liebe Gott die sozialen Kompetenzen verteilt hat, ~~saß die sogenannte Besitzerin gerade keifend im Wald~~ hat die sogenannte Besitzerin nicht „hier!" gerufen und somit keine abbekommen.

Meistens merkt sie das nicht, und stören tut es sie schon mal gar nicht, aber ganz, ganz selten hat sie komische Gefühle und möchte was an ihrem Leben ändern. Ich habe auch Gefühle – Hunger und Durst zum Beispiel, aber im Gegensatz zu ihr kann ich prima damit umgehen.

DAS LEBEN IST KEIN PONYHOF

Die sogenannte Besitzerin hat beschlossen, sich von ihrer kommunikativen Seite zu zeigen und das Zwischenmenschliche mehr zu pflegen. „Es menschelt", sagt sie mit einem verträumten Augenaufschlag und ich weiß dann auch nicht, ob sie einen Arzt braucht, weil sie möglicherweise zu viel von den Beruhigungskräutern in der Futterkammer genascht hat. Was sie auch viel sagt, ist OMMMM, vermutlich, wenn es zu sehr menschelt. Das hat sie übrigens von Frau Reitlehrerin gelernt, wie so vieles, was ihr im täglichen Leben weiterhilft.

Da wäre zum Beispiel das Atmen zu nennen, was sie ohne Frau Reitlehrerins regelmäßige Ansage komplett vergessen würde. Wie sich herausstellt, ist das auch ganz allgemein nützlich. Oder Lächeln, was angeblich zur Entspannung beiträgt und bei der sogenannten Besitzerin erstmal zum Fürchten ausschaut, nämlich so, als wollte sie einen fressen.

Begleitend sagt sie dann Dinge wie „Das Leben ist kein Ponyhof!" Wobei ich mich schon frage, wie sie ihre Umgebung wahrnimmt. Oder meine.

Dann wieder findet sie es selbstverständlich, ihrem Auto, dieser fahrbaren Schrottlaube, aufmunternd zuzuschnalzen, wenn es sich einen Berg hinauf quält. Bergab dagegen probiert sie es mit schwer einsitzen, ausatmen und brrrr sagen.

Sie hat auch viel von uns gelernt. Wenn ihr einer doof kommt, legt sie die Ohren an und zickt – wobei sie da immer schon vielversprechende Anlagen hatte, ich glaube, sie musste gar nicht viel dazulernen. Essen ist auch so was, wo sie richtig gut drin ist. Und: Alle sechs Wochen gibt's neue Schuhe, wobei ihre nicht festgenagelt werden.

Da bin ich ein bisschen neidisch.

Also soweit alles flauschig beim Frauchen. Wenn nur das Ausmisten nicht wäre. Und die anderen Einstaller! So viel OMMM machen kann sie gar nicht, dass es hilft, vertraut sie dem Mann an.

Die anderen Einstalle sind genauso verrückt wie die sogenannte Besitzerin, da weiß ich also gar nicht, was sie hat. Immerhin gehören der Lutschi und ich der einzigen Person weit und breit, die NULL soziale Kompetenzen hat, das ist auch eine Kunst.

Aber das Ausmisten! Nun sind der Lutschi und ich von Haus aus Heimscheißer, das heißt, wir sind tagsüber auf dem Gruppenpaddock und nachts in der Box, wo wir schön gemütlich essen und schlafen können, ohne dass uns einer was klauen kann. Morgens gehen wir mit glänzenden Augen zu den anderen auf's Paddock und widmen uns in unserer Freizeit weitgehend sinnfreien Aktivitäten. Muss auch mal sein, vor allem, wenn man es — wie wir — hauptsächlich mit einer Verrückten zu tun hat. Wo war ich? Es menschelt, und zwar gewaltig. An allen Ecken und Enden tun sich Probleme auf. Wobei das ja Herausforderungen sind, sagt die sogenannte Besitzerin, die sich gerade mal wieder mit einem herzhaften OMMMMM in die entsprechend positive Laune für das Projekt Ausmisten gebracht hat. Heimscheißer, ihr erinnert euch.

Parallel zum Projekt Ausmisten gibt es das Projekt Boxen-Optimierung. Da wird an der Verteilung der Heunetze geknobelt beziehungsweise über die Anschaffung einer Raufe nachgedacht, inklusive Vor- und Nachteile. Zwecks physiologischer Fresshaltung, aber mit möglichst wenig Verletzungsgefahr. Was wir aber jetzt schon haben, sind große Wasserbottiche. Lebensmittelecht, betont die Frau. Weil unser Trinkwasser ja auch ein Lebensmittel ist. Davon steht jetzt in jeder Box einer, damit wir immer tüchtig trinken. Wir haben zwar auch Selbsttränken, aber die Kübel sind schon schöner und angenehmer und wir benutzen sie gern. Natürlich müssen die Bottiche täglich gesäubert und neu befüllt werden, was die Frau mit dem Seufzer „Das Leben ist kein Ponyhof" übernimmt. Wahrscheinlich, weil ihr noch nicht eingefallen ist, wie sie diese Aufgabe unauffällig an den Mann delegieren kann.

„Das Leben ist kein Ponyhof", erklärt sie auch dem Mann, der ihr gerade die Schubkarre mit Ausmistwerkzeugen geliefert hat. Die Box vom Lutschi ist schon fertig, allerdings hatte sie daran Verschiedenes auszusetzen. Was ist nur mit dem Zwischenmenschlichen und dem OMM passiert?

Der Mann hat sich jedenfalls nicht über ihre konstruktive Kritik gefreut, weshalb sie jetzt meine Box alleine misten darf. Damit er sich mal anschauen kann, wie man das richtig macht, sagt er und lehnt sich gemütlich an die Wand. Die Frau lächelt mehr so süßsäuerlich und beginnt mit dem Ausmist-Prozess, wobei sie jeden Arbeitsgang einzeln beschreibt und analysiert. „Und jetzt fahre ich mit der Karre ein Stück rückwärts, damit ich die nächste Ecke bearbeiten kann."

Gesagt, getan. Nur blöd, dass genau hinter ihr der wohlgefüllte Wasserbottich steht, der jetzt nicht mehr voll ist und genau genommen auch nicht mehr steht. Genauso wenig wie die Frau oder die Schubkarre. „Das Leben ist kein Ponyhof", sagt der Mann und die Frau betrachtet ihn mit einem mörderischen Blick. Stay tuned, ich glaube, wenn Madame sich wieder hochgewurschtelt und abgetrocknet hat, wird's noch spannend.

Zum Glück hat sie ihn nicht erwischt. Der Lutschi und ich hängen nämlich an unserer männlichen Bezugsperson, weil der Mann immer so schön entspannt ist und – wie man immer wieder sieht – keine Angst vor der Frau hat.

Um das auszugleichen, kriegt die Frau regelmäßig Anwandlungen vom „Seelenfärd – hach!" und schmeißt mit Leckerli nur so um sich.

"DAS IST FREIARBEIT, SIEHT MAN DOCH!"

Der Lutschi, was unser spanisches Mähnenwunder ist, wälzt sich genüsslich im Hallensand, steht dann gemächlich auf und geht zur Frau, unserer sogenannten Besitzerin, wo er sich den Sand aus dem Fell schüttelt und dafür ein Leckerli kassiert. Danach stellt er sich in die Mitte und guckt schläfrig. Die sogenannte Besitzerin ist begeistert und faselt von „Seelenpferd" und „mystischer Verbindung".

Die Kommunikation erfolgt anscheinend intuitiv und geht überwiegend vom Lutschi aus. Jetzt zwickt er sie in den Jackenärmel und guckt auffordernd. Reaktionsschnell dreht sich die Frau weg und hüpft zur Seite. Der Lutschi hüpft mit.

„Wie Tanzen", murmelt die sogenannte Besitzerin ergriffen. „Mein Seelenfärd! Und ganz freiwillig!"

Frau Reitlehrerin, die das Schauspiel gebannt verfolgt, erkundigt sich bei der Frau, was das Gesehene zu bedeuten hat.

„Das ist Freiarbeit, sieht man doch!", antwortet die sogenannte Besitzerin. „Und zwar die Sorte, die auf Freiwilligkeit basiert."

„Der Lutschi macht freiwillig, was er will, und du fütterst ihn mit Leckerli?", vergewissert sich Frau Reitlehrerin.

„Aber freiwillig!", betont die Frau.

„Wäre es nicht schön, wenn der Lutschi dich nicht die ganze Zeit verfolgen und zwicken würde?", erkundigt sich Frau Reitlehrerin.

„Naaaaaain, der hat mich total gern und zeigt mir seine Liebe. Siehst du, er folgt mir wie ein Schatten!" Leises Knurpsen verrät, dass der Lutschi nun die Leckerli in der

Jackentasche freilegt, indem er den störenden Stoff drumherum entfernt. „Der Lutschi soll seine ganze Schönheit zeigen, und zwar so, wie er das will", erklärt die Frau in völliger Verkennung der Sachlage.

„Ihr könntet ja auch anders kommunizieren", schlägt Frau Reitlehrerin vor.

„Aber nix mit Zwang! Der Lutschi ist mein Seelenpferd und wir machen nur positive Verstärkung", ordnet die sogenannte Besitzerin an.

„Also zuerst sollte der Lutschi lernen, dass er dich nicht fressen soll", findet Frau Reitlehrerin.

„Aber wenn er mich doch so liebhat", gibt sich die Frau gönnerhaft.

„Ihr hattet doch auch mal Clickertraining angefangen", erinnert sich Frau Reitlehrerin.

„Ja, aber das war mir zu anstrengend", gibt die Frau zu. „Immer dieses Aufpassen und sich Gedanken machen, was man wie vorbereitet."

„Aber genau das zeichnet einen guten Pferdetrainer aus."

Ein guter Pferdetrainer sein steht auf der Wunschliste der Frau ganz oben. Ihre Augen leuchten unternehmungslustig. „Was macht denn so ein guter Pferdetrainer genau, um gut zu sein?", will sie wissen.

„Er überlegt sich vorher, was er erreichen will, und zerlegt das Ganze in viele kleine Teilschritte. So führt er das Pferd schrittweise an die neue Aufgabe heran", erklärt Frau Reitlehrerin.

Ach so. Das hört sich ja erstmal nicht so schlimm an. Wie gern wäre die Frau einer von den Profis. Einer von den guten, versteht sich. „Also wenn ich zum Beispiel möchte, dass der Lutschi zu mir kommt. Wie fange ich das am besten an?", überlegt sie angestrengt.

„Eigentlich hast du ja eher das Problem, dass er dir nicht

von der Seite weicht", lacht Frau Reitlehrerin. Was möglicherweise weniger auf den persönlichen Magnetismus der Frau zurückzuführen ist, sondern vielmehr auf die Leckerli in der Jackentasche. Frau Reitlehrerin beschließt: „Wir hängen jetzt mal deine Jacke weg und überlegen uns, wie der Lutschi den Appell – so heißt das Kommen auf Zuruf – lernen kann. Und zusätzlich könnte er lernen, weder dich noch deine Jacke aufzuessen."

So viele neue Ideen! Und jetzt auch noch Lösungen erarbeiten! Die Frau fühlt sich schon wie Frau Reitlehrerins Co-Trainer. Was ihr aus ihrer Sicht das Recht gibt, sich wichtig zu fühlen und andere aus der Halle zu jagen, damit sie darin Freiarbeit -oder was auch immer – praktizieren kann. Herrlich!

Ich hoffe, ich bin auch bald dran mit Wälzen und Kekse essen. Pardon, Freiarbeit.

JA UND WIE GEHT DAS JETZT MIT DER FREIARBEIT, UND WIESO MUSS MAN DAS ÜBEN?

Manchmal bewundere ich die sogenannte Besitzerin und ihren Sinn fürs Timing. So hat sie pünktlich zur Hallensaison beschlossen, intuitive Freiarbeit zu praktizieren. Intuitiv, weil sie keinen blassen Schimmer davon hat. Zum Glück für sie gibt es Frau Reitlehrerin, die sich mit sowas auskennt. So kann man es Unterricht nennen und wird möglicherweise erst in ein paar Wochen von anderen Einstallern gelyncht, die die Halle auch mal benutzen wollen.

Aber egal. Heute ist der große Tag, wo Frau Reitlehrerin die Synapsen der Frau mit Fachwissen fluten will. Das spanische Mähnenwunder steht schon parat und bekommt Halfter und Strick angezogen. Die sogenannte Besitzerin steht daneben und vermisst die Freiwilligkeit.

Der Lutschi seinerseits vermisst die Jacke mit den Leckerli. Die hat die Frau auf Anweisung von Frau Reitlehrerin über die Bande gehängt.

„Der Lutschi soll erst einmal gesittet neben dir hergehen und auf dich achten", erklärt Frau Reitlehrerin freundlich lächelnd.

Das sieht das spanische Mähnenwunder anders. Es strebt zum Ausgang, und zwar genau dahin, wo die Jacke der Frau hängt. Die Frau muss mit, weil sie den Strick nicht loslassen will.

„A-ha", kommentiert Frau Reitlehrerin.

„Was denn?"

Aber Frau Reitlehrerin lächelt nur geheimnisvoll und stellt ein paar Pylone in den Sand. Hierherum soll die Frau einen Slalom gehen. Der Lutschi auch. Und Frau

Reitlehrerin sagt vorher an, ob es rechts oder links am Hütchen vorbeigeht. Um das ganze etwas spannender zu gestalten, muss der Lutschi zwischendurch auch stehen bleiben oder rückwärts gehen. Auf die ganz normale, altbekannte Art, die er einst bei Frau Reitlehrerin erlernt hat. Und siehe da, irgendwann konzentriert er sich tatsächlich auf seine Aufgabe und möglicherweise auch auf die sogenannte Besitzerin.

Als Frau Reitlehrerin sicher ist, dass der Lutschi mit seiner Aufmerksamkeit nicht bei den Leckerli, sondern beim menschlichen Bodenpersonal ist, fordert sie die sogenannte Besitzerin auf, nach links, ins Bahninnere abzuwenden. „Wie beim Longieren", erklärt sie. „Du gibst mit deiner Körperhaltung die Richtung vor, in die er gehen soll. Deine Körperachse ist so auf ihn ausgerichtet, dass er das als treibende Hilfe wahrnimmt."

„Moment mal. Das ist jetzt aber zu viel Input." Die sogenannte Besitzerin steht kurz vor der Meuterei. „Dieses ganze Denken macht mich noch verrückt", stöhnt sie.

„Du bist mit deiner Körperachse hinter seiner Schulter", übersetzt Frau Reitlehrerin. „Wenn du davor bist, wirkt das verbremsend."

Oh. Ah. Ganz neue Welten tun sich auf. Die Frau dreht Volten am langen Seil und der Lutschi kommt ganz mühelos mit.

„Und jetzt gehst du ein paar Schritte rückwärts und rufst ihn. Dabei hängt das Seil durch", lächelt Frau Reitlehrerin.

Und siehe da, wie ferngesteuert wandert der Spaniokel zur sogenannten Besitzerin.

„Wenn du das weiter übst, wird daraus in der Freiarbeit der Appell. Dann kannst du bald Halfter und Strick weglassen und das auch frei abfragen", weiß Frau Reitlehrerin.

„Aber wieso muss ich überhaupt Halfter und Strick

benutzen? Es heißt doch Freiarbeit", fragt die Frau.

„Wir müssen dem Lutschi ja erstmal zeigen, was wir von ihm wollen. Die Führübungen vom Anfang dienten dazu, dass er sich auf die Aufgabe und auf deine Körpersprache konzentriert. Die Einleitung der Volte sollte ihm die Idee vom Richtungswechsel geben und dein Rückwärtsgehen ist die Einladung, zu dir zu kommen."

Schritt für Schritt, tatsächlich. Die sogenannte Besitzerin ist beeindruckt. Möglicherweise weiß Frau Reitlehrerin doch, was sie da tut. „Und ... öhm ... wie geht Piaffe?"

Aber das hat Frau Reitlehrerin anscheinend nicht gehört.

„Steigen ist sowieso viel toller", verkündet die sogenannte Besitzerin. „Und viel einfacher."

„Und viel gefährlicher", teilt Frau Reitlehrerin mit und damit wäre das Thema Steigen vorerst vom Tisch.

„Schade", denkt die Frau laut. „Vielleicht doch lieber Piaffe?"

Aber da hat Frau Reitlehrerin wieder diese verräterischen Zuckungen in der Mundgegend und muss hastig einen Hustenanfall vortäuschen. Die sogenannte Besitzerin ist auf jeden Fall jetzt Feuer und Flamme für die koordinierte Form der Freiarbeit, wo einen das Pferd nicht so ohne weiteres aufessen und bespielen darf. Was eigentlich verwunderlich ist, da sie anstelle eines Gehirns bunte Knete im Kopf hat. Aber einen gewissen Selbsterhaltungstrieb hat auch sie.

DAS SIEHT SOOOOOO COOL AUS,
DAS WILL ICH AUCH!

Endlich ist die Halle frei. Spoiler: Es ist immer noch Winter und die Frau hat sich nicht gerade die günstigste Jahreszeit ausgesucht, um an ihrem Projekt Freiarbeit zu arbeiten. Aber was soll man tun, wenn es mit der Piaffe vorn und hinten nicht klappt und mit der Reitkunst noch viel weniger? Eben, da geht man über zur mystischen Kommunikation mit dem Seelenpferd.

Auch und erst recht, wenn man vorher den halben Stall zum Teufel jagen muss, damit man endlich die Reithalle für sich hat, weil die natürlich im Winter heiß begehrt ist. Aber nun ist es endlich soweit und das spanische Mähnenwunder im Schritt gut aufgewärmt.

Das ist der positive Aspekt an langen Wartezeiten, man kann das Pferd schon mal ordentlich im Schritt aufwärmen, wie Frau Reitlehrerin erklärt. Die Frau zieht ein langes Gesicht. Sie wollte sich ja mehr bewegen, aber doch nicht so viel.

Aber egal. Jetzt ist der Lutschi dran mit Laufen, denn ihr neues Ziel heißt freies Zirkeln. „Das sieht immer tooootaaaaal schön aus im Internet, das will ich auch!", strahlt sie Frau Reitlehrerin an.

„Was genau meinst du damit?", erkundigt sich Frau Reitlehrerin.

„Ja so longieren ohne Longe halt. Und es sieht tooootaaaal schön aus und tänzerisch."

Meist hört man auch Musik und Mensch und Pferd bewegen sich bei schönem Wetter in Zeitlupe. Aber ich bin ja hier nur das Pferd und man sagt mir nach, ich würde lästern. Frau Reitlehrerin scheint ähnliche Assoziationen zu haben, denn sie fragt: „Du meinst aber nicht die Videos, wo die Pferde auf sehr kleinen Kreisen um einen Menschen herumlaufen?"

Doch, möglicherweise schon, aber das würde die Frau nie zugeben. Stattdessen antwortet sie: „Na, freies Zirkeln hat." Und fügt hinzu – für ihre Verhältnisse ziemlich gerissen – : „Das kann man doch sicher lernen."

Aber sicher kann man das, und Frau Reitlehrerin weiß auch, wie. Zunächst einmal soll die Frau das bisher Gelernte vorführen. Da sie nicht geübt hat, dauert das ein bisschen, aber mit Frau Reitlehrerins Hilfe und viel gutem Willen kann man die Anfänge des Appells erkennen.

„Sehr gut", streut Frau Reitlehrerin ein pädagogisches Lob ein. „Daraus können wir das freie Zirkeln entwickeln. Erst führst du den Lutschi am durchhängenden Seil auf einer Volte." Gesagt, getan. „Jetzt machst du das Seil ab. Das ist der Teil der Freiarbeit, wo du mit dem Lutschi über deine Körpersprache kommunizierst."

Oh. Ah. Wie aufregend. Die Frau hyperventiliert vor Aufregung. Oder weil sie sich in der Freiarbeit mehr bewegt als die ganze Woche über, wer weiß das schon. Der Lutschi ist auf jeden Fall tiefenentspannt und wackelt neben der Frau her, die geradeaus geht. Und auf Ansage von Frau Reitlehrerin eine Wendung nach innen macht, wo der Lutschi brav mitkommt. Dann wird gelobt und es geht wieder geradeaus – ungefähr so lange, bis der Lutschi anfängt, sich für andere Dinge zu interessieren, dann kommt wieder eine Wendung nach innen. Und Lob. Und erneut geradeaus angehen. Und irgendwann fällt der sogenannten Besitzerin auf: „Das ist ja eine Quadratvolte!"

Krone der Schöpfung, ne. Kannste dir nicht ausdenken, sowas.

„Und wo das mit der Quadratvolte jetzt so gut klappt", lächelt Frau Reitlehrerin, „rundest du als Nächstes die

Ecken ab."

Die Frau zieht ein langes Gesicht. Aber Frau Reitlehrerin guckt auffordernd und schließlich spuken die Worte „freies Zirkeln" immer noch im Kopf der Frau herum, was die Motivation erheblich erhöht. Also wird weiter gekreist, wobei Frau Reitlehrerin die Körperhaltung der Frau zwischendurch nachjustiert und ihre Körperachse und den Lutschi ins rechte Verhältnis setzt.

„Und? Und? Siehst du es? Freies Zirkeln. Ha. Ich bin ein Pferdeprofi!", jauchzt die sogenannte Besitzerin in einem Anfall von Größenwahn.

Frau Reitlehrerins Lächeln sieht allmählich gezwungen aus. „Die Volten klappen jetzt sehr gut", lobt sie dennoch, denn ihre pädagogische Einstellung ist durch nichts zu erschüttern. Sie schlägt vor: „Die nächste Steigerung wäre, dass du die Volten allmählich vergrößerst und den Lutschi nach und nach mit mehr Abstand um dich herum gehen lässt."

„Warum? Ich finde das toll. Auf meinen Videos machen die das auch so, und das sieht ganz wunderschön aus", jauchzt die Frau.

„Du wolltest doch freie Zirkel und keine Volten", erinnert Frau Reitlehrerin.

Die alte Spaßbremse hat ja an allem was auszusetzen, denkt die Frau. Aber da spricht Frau Reitlehrerin schon weiter: „Wir beenden die Übung mit dem Appell. Du läufst also rückwärts und rufst den Lutschi zu dir herein. So wird der Appell noch einmal gefestigt. Denn du weißt: Das, womit die Stunde aufhört, behält man am besten im Gedächtnis."

„Ach ja, da war doch was", erinnert sich die Frau. Aber es ist doch wie verhext: Auch bei der Freiarbeit muss man so schrecklich viel denken. „Wann klappt das denn endlich?", will sie wissen.

„Es ist ein Prozess", lächelt Frau Reitlehrerin. „Und

wenn du das übst, wird es schnell besser."

Ach, man muss es auch noch üben. Die Begeisterung der Frau erstirbt sichtlich. Und weil ihr dieses ganze Denken und Üben zuwider ist, ist auch schnell Schluss mit dem Projekt Freiarbeit. Aber uns wird schon nicht langweilig, denn die Irre hat bekanntlich ständig neue Ideen.

Zum Glück ist der Winter schon halb um und Weihnachten steht vor der Tür. Coole Sache, das. Alle sind total beschäftigt und keiner hat Zeit, uns durch die Halle zu scheuchen. Scheuch ich eben den Lutschi übers Paddock und gymnastiziere ihn ordentlich durch, das macht ja sonst keiner. Und wenn man ein bisschen aufpasst, kann einem die Frau auch keine selbstgebackenen Leckerli unterjubeln. Und dann ist Weihnachten auch schon vorbei und die sogenannte Besitzerin wird wieder auf die Pferdewelt losgelassen. Mit gefühlt fünf Kilo mehr auf den Rippen. Aber das ist noch nicht das Schlimmste.

„ALLE REITEN MIT KANDARE UND ICH WILL DAS AUCH!"

Weihnachten ist vorbei – Zeit für gute Vorsätze oder für ein neues Leben. Die Frau, meine sogenannte Besitzerin, entscheidet sich für letzteres. Ich weiß nicht, was mit ihrem alten Leben nicht in Ordnung war, aber egal, sie will ein neues.

Man erkennt es daran, dass sie nachdenklicher und noch häufiger im Internet ist als sonst. Und dort treibt sie sich, wie ich durch geduldiges Spionieren herausgefunden habe, auf Verkaufsseiten für Pferde-Zubehör herum, wo sie Kandarengebisse und – zäume bestaunt. Dabei macht sie Geräusche, die sich anhören wie: „Der hier ist aber hübsch. Oder nein, der. Oder der. Hach!"

Besorgt sehe ich den Mann an. Sie wird doch nicht…? Oh doch, sie wird. Als ich sie das nächste Mal sehe, ist sie ins Gespräch mit Frau Reitlehrerin vertieft.

„Ich dachte, du willst jetzt mehr Freiarbeit machen?", fragt Frau Reitlehrerin.

„Ach nein, das ist doch nicht so das Wahre. Eigentlich will ich ja Reitkunst treiben", antwortet die Frau.

Lästigerweise hat das mit der Freiarbeit nicht im ersten Anlauf geklappt, und dieses ganze Üben und Denken ist eh nichts für die sogenannte Besitzerin. Das ist nämlich ein Zeichen, findet sie. Wenn was nicht sofort klappt. ~~Und zwar ein Zeichen dafür, dass sie es üben sollte.~~ Und zwar ein Zeichen dafür, dass es einfach nicht sein soll, tut ihr furchtbar leid. Dann doch lieber Reitkunst, Piaffe oder Reiten mit Kandare. Halt irgendwas, was man euphorisch ein bis dreimal ausprobiert und wo man dekorative Ausrüstungsgegenstände kaufen kann. Und sind wir doch mal ehrlich, das alles hat der Freiarbeit leider gefehlt.

Jetzt also Kandare. Himmel hilf.

„Guck mal, hier!", wedelt die Frau mit einer flatschneuen, schnörkelig verzierten Kandare herum.

„Was willst du denn mit einer Kandare?", will Frau Reitlehrerin wissen.

„Feiner reiten", strahlt die sogenannte Besitzerin.

„Feiner reiten durch brutalere Hilfsmittel?"

„Nicht? Wieso spricht man denn da von verfeinerter Hilfengebung?" Die Frau ist irritiert.

„Weil das Gebiss so scharf ist, dass du nur mehr millimeter- und grammweise einwirken musst. Bei falscher Handhabung ist der Unterkiefer durch die Hebelwirkung der Kandarenanzüge und die Kinnkette wie in einem Schraubstock eingespannt."

„Immer hast du was zu meckern. So komme ich ja nie weiter", schmollt die Frau.

Frau Reitlehrerin lächelt pädagogisch und erklärt, dass zum Reiten mit Kandare die sogenannte Kandarenreife gehört. Das heißt, beide, Reiter und Pferd, müssen einen bestimmten, fortgeschrittenen Ausbildungsstand erreicht haben. Die Reiterin hat ihr Pferd vornehmlich am Sitz und benötigt die Zügel eigentlich gar nicht mehr. Und das kandarenreife Pferd muss sich am Sitz reiten lassen, also mit Schenkel und Gewichtshilfen. Auch das Pferd benötigt eigentlich keine Zügelhilfen mehr, denn es ist ausbalanciert, losgelassen und zeigt beginnende Versammlung.

„Ja und? Wo ist das Problem?", ereifert sich die sogenannte Besitzerin. „Jeder reitet mit Kandare. Also alle außer mir. Und es gibt sogar eine Reitschule, wo man mit Kandare und so schicken spanischen Sätteln reiten kann. Auch Piaffe!!!! Und da ist es ganz egal, wenn die Pferde ohne Rücken und mit herausgestrecktem Unterhals herumlaufen. Weil das aus dem Stierkampfreiten kommt und da alles anders ist. Und außerdem ist es Kunst, jawohl.

Und spirituell und unbeschreiblich. Aber das versteht hierzulande mal wieder keiner."

Aber da wird Frau Reitlehrerin kurz humorlos und erklärt der Frau genau, dass und wieso sie diese Art des Reitens für unphysiologisch und pferdeverachtend hält. Kann man ja eigentlich selbst draufkommen, dass Stierkämpfer nicht für ihren tierfreundlichen Ansatz bekannt sind, gell.

Bei den komplizierten Wörtern schaltet sich allerdings das Gehirn der Frau ab und sie nuschelt: „Das ist doch nicht so schlimm, dieses unphysiodingens. Weil wenn es schlimm wäre, wüsste ich das."

Aber Frau Reitlehrerin ist noch nicht fertig: „Physiologisch heißt so viel wie natürlich oder gesund. Und bei unphysiologisch wird es sehr schnell sehr schmerzhaft fürs Pferd."

Da ist dann doch Schluss mit lustig, das sieht auch die sogenannte Besitzerin ein. Traurig lässt sie den Kopf hängen.

„Aber guck doch mal, wer alles schlecht mit Kandare reitet", tröstet Frau Reitlehrerin. „Gefühlt jeder zweite. Da ist es doch viel toller und was richtig Besonderes, wenn du korrekt und fein mit Trense reitest."

Ach so, stimmt. So hat es die Frau noch nicht gesehen. Auch der Mann unterstützt Frau Reitlehrerins klugen Plan. „Lieber Trensenturner als Kandarenquäler", formuliert er launig.

Und damit hat er doch irgendwie recht. Sogar die sogenannte Besitzerin verzieht ihre Mundwinkel nach oben und ist jetzt wieder mit der Welt im reinen. Und die wundervoll verzierte Kandare wird schnell in ein beliebtes Verkaufsanzeigenportal eingestellt.

BITTE NICHT STÖREN!

Hattet ihr auch dieses Silvester? Wo die Nachbarn versuchen, einem die Hütte zu sprengen? Ein Glück, wir haben es alle überlebt und jetzt ist wieder Ruhe. Auch die sogenannte Besitzerin ist verhältnismäßig ruhig. Man erkennt es daran, dass sie Frau Reitlehrerin im Unterricht auch mal ausreden lässt. Das ist schön und neu.

Gutgelaunt formuliert Frau Reitlehrerin: „Das Bein ist lang und locker" und die Stummelbeinchen der sogenannten Besitzerin entfalten sich aus ihrer Grundstellung, die an einen querschnittsgelähmten Frosch erinnert, und baumeln schließlich locker links und rechts herab. Auch die Schultern entspannen sich, und ein bisschen Tschakka-Lakka macht ihre Hüften so geschmeidig, dass das, was sie da treibt, optisch stark an Reiten erinnert.

Tschakka-Lakka muss ich kurz erklären: Beim anfänglichen Schrittreiten nimmt die sogenannte Besitzerin die Füße aus den Bügeln und strampelt so mit den Beinchen, als würde sie rückwärts Fahrradfahren. Damit ihr steifer Körper sich an die Bewegung erinnert, glaube ich.

Das macht sie natürlich nicht freiwillig, vielmehr wird sie durch Frau Reitlehrerin dazu genötigt. Aber egal, das neue, weichgespülte Frauchen hat schon mal mehr gemeckert und weniger kooperiert. Und wenn sie erstmal tüchtig gestrampelt hat und die Beine hinterher herunterhängen, reicht auch der Gedanke ans rückwärts Radfahren, damit sie ihre Hüften passend schwingt und zum Sitzen kommt.

„Hast du denn auch gute Vorsätze fürs neue Jahr?", erkundigt sich Frau Reitlehrerin, nachdem sie uns für besondere Lockerheit einmal zünftig durchgelobt hat.

„Eigentlich nicht. Obwohl – ich würde gern tanzen können. So richtig cool, wie Tom Hiddleston. Soll ich dir mal Videos zeigen?"

„Später", bremst Frau Reitlehrerin ihren Überschwang.

„Also den könnte ich mir stun-den-lang angucken. Stun-den-lang!", schwärmt meine Reiterin. Und wenn sie nicht gerade sabbert, ist sie grün vor Neid. „Nett ist der. Und bewegen kann der sich, toootal locker."

„Das wäre doch vielleicht ein guter Vorsatz: locker sein", schlägt Frau Reitlehrerin vor.

„Und dann ist mir noch was Komisches passiert", sinniert die Frau. „Ich hab aus Versehen eine Doku über einen großen Zirkus gesehen und da sind die Artisten auch geritten. Also die konnten gar nicht reiten, aber die waren so locker, dass es trotzdem geklappt hat. Verrückt." Die sogenannte Besitzerin schüttelt den Kopf.

„Wer als Reiter locker ist, der stört sein Pferd auch nicht. Das tut der Reiterei insgesamt gut," kommentiert Frau Reitlehrerin, die das absolut nachvollziehen kann.

„Dann ist es vielleicht gar nicht so wichtig, dass man irgendwelche Lektionen reitet, wenn man dabei angespannt ist und sein Pferd stört?", überlegt die Frau, in der erstmals das zarte Pflänzchen des Denkens und möglicherweise der Erkenntnis keimt. Für Selbsterkenntnis ist es noch zu früh, aber immerhin.

Frau Reitlehrerin geht es genau wie mir. Auch sie erkennt die Größe des Augenblicks und jubelt: „Ganz genau!"

Für so Blitzbirnen wie die Frau gibt's die Skala der Ausbildung, die aus gutem Grund mit Takt und Losgelassenheit beginnt, aber ich bin ja hier nur das Pferd und man sagt mir nach, ich würde lästern.

Aber die Frau ist noch nicht fertig. „Lieber locker sein und das, was man reitet, korrekt reiten statt Lektionen zu versemmeln, das Pferd zu stören oder es unglücklich zu machen."

So langsam glaube ich, Aliens haben die sogenannte Besitzerin entführt und nur noch eine sprechende Hülle zurückgelassen. Unheimlich. Aber schon auch schön.

Sie spricht weiter: „Nicht so wie diese doofen Sportreiter oder die Möchtegern-Reitkünstler!" Oder eigentlich alle außer mir, denn ich habe vom Baum der Erkenntnis genascht. Das sagt sie allerdings nicht, das steht ihr aber gerade auf der Stirn geschrieben. Deshalb beeilt sich Frau Reitlehrerin auch, die Reitstunde mit einem Erfolgserlebnis abzuschließen, damit es im Hirn der Frau haften bleibt: „Lieber locker sein und das, was man reitet, korrekt reiten statt Lektionen zu versemmeln, ganz genau. Das ist eine tolle Erkenntnis!"

So weit kommt mancher Profi nicht, der mit den Schenkeln klemmt und mit den Zügeln sägt und ohne seine Sitzprothese den Trab nicht sitzen kann. Aber ich bin ja hier nur das Pferd, siehe oben.

Andächtig nickt die sogenannte Besitzerin und fasst zusammen: „Bitte nicht stören!"

Und besser hätte ich es auch nicht sagen können. Folgt mir für mehr kluge Erkenntnisse aus dem Pferdeleben!

Bei uns zuhause gibt es ja zum Glück nicht nur die Frau, sondern auch den dazugehörigen Mann. Ich nehme an, den hat sie sich auch mit den Leckerli aus ihrer Jackentasche gefügig gemacht. Anders kann ich es mir nicht erklären, denn er ist ~~nett und locker~~ ~~entspannt~~ ~~immer gut gelaunt~~ bärtig und somit das komplette Gegenteil der sogenannten Besitzerin. Die hat die Haare nämlich auf den Zähnen.

„REITEN MACHT SPASS!"
„DANN SAG DAS MAL DEINEM GESICHT!"

„Reiten macht Spaß", erklärt der Mann aus voller Überzeugung. Die Frau, die gerade mit grimmiger Miene und auf meinem Rücken ihre Runden durch den Hallensand dreht, schreckt hoch.

„Jetzt hast du mir die Konzentration zerstört", schimpft sie. Und wenn man dachte, sie hat vorher schon böse geguckt, merkt man jetzt, dass das nur laues Vorgeplänkel war. Der Lutschi, was unser spanisches Mähnenwunder ist, wirft nur einen Blick in ihre Richtung und will flüchten, so dass der Mann, der dem Lutschi im Sattel hockt, alle Hände voll zu tun hat, die überraschende Bewegungsenergie des sonst so entspannten Spaniers zu bändigen.

„Reiten macht Spaß", flötet die Frau, als der Mann jetzt doch mal angespannt guckt.

„Dann sag das mal deinem Gesicht", antwortet der Mann, jetzt wieder in seinem tiefenentspannten Normalzustand.

Worauf die sogenannte Besitzerin ziemlich katzig wird und den Mann beschuldigt, ü-ber-haupt keine Ahnung von irgendwas zu haben. Beim Reiten muss man sich konzentrieren und dann sieht das eben so aus, basta.

Was der Mann nicht auf sich sitzenlässt und seinerseits von Losgelassenheit anfängt. Die ja auch beim Reiter respektive der Reiterin vorhanden sein müsste.

„Ist sie auch, danke der Nachfrage", antwortet die Frau spitz.

Woran man das denn erkennen würde, fragt der Mann.

Und Experten wie ich einer bin, wissen: Vorsicht, ganz dünnes Eis!

„Daran, wie herrlich entspannt ich bin, weil ich dauernd von der Seite angequatscht werde", giftet die Frau.

„Das kann man doch locker wegatmen", erklärt der Mann lässig und ich ahne schon, dass das kein gutes Ende nehmen wird. Auch der Lutschi guckt sich furchtsam um.

Zum Glück kommt jetzt Frau Reitlehrerin dazu und möchte mit dem Unterricht anfangen. „Ihr seid ja sowieso fertig, husch, husch", verabschiedet die Frau den Mann mitsamt dem spanischen Mähnenwunder.

Der Lutschi kann es gar nicht erwarten, heim in den Stall zu kommen. Der Mann dagegen sieht so aus, als würde er gern noch länger bleiben. Gezwungenermaßen, weil er schließlich am Lutschi dranhängt, verschwinden beide in Richtung des heimischen Futtertrogs.

Erleichtert wendet sich die Frau an Frau Reitlehrerin und erkundigt sich nach dieser ominösen Losgelassenheit. „Aber nicht dem Mann verraten, dass ich gefragt habe", schärft sie ihr noch ein.

„Schon klar", lächelt Frau Reitlehrerin und erklärt: „Neben der Losgelassenheit des Pferdes, die eine wichtige Voraussetzung ist, um es überhaupt Reiten nennen zu können und nicht etwa Fleischtransport, gibt es tatsächlich so etwas wie die reiterliche Losgelassenheit. Auch der Reiter muss bestimmte Voraussetzungen erfüllen, um überhaupt in Kommunikation mit seinem Pferd treten zu können. Wie das Pferd auch, sollte sich der Reiter locker und zwanglos bewegen, damit er gut den Bewegungen des Pferdes folgen kann und es nicht stört. Mit so viel Körperspannung wie nötig und so wenig Spannung wie möglich. Ganz wichtig ist es auch, nicht die Luft anzuhalten, sondern immer schön weiterzuatmen." Hierbei sieht Frau Reitlehrerin der sogenannten Besitzerin tief und bedeutungsvoll in die Augen.

„Jaja, schon gut", antwortet die. Luft anhalten beim Reiten ist nämlich ihre Spezialität.

„Was auch wichtig ist: Die Kiefer locker zu lassen".

„Bist du jetzt beim Reiter oder beim Pferd?", erkundigt sich die sogenannte Besitzerin, die anscheinend vor lauter Atmen den Faden verloren hat. Dieser Sauerstoff ist ein Teufelszeug, ich sag's euch.

„Vieles davon gilt für beide, Reiter und Pferd. Was für die Reiterin besonders interessant ist" – hierbei sieht Frau Reitlehrerin die Frau prüfend an – „ist der Zusammenhang, der zwischen den Kiefergelenken und der Hüfte besteht. Sind die Kiefer locker, ist es auch die Hüfte, was dir zum Beispiel beim Aussitzen hilft."

„Ist das beim Pferd genauso?", erkundigt sich die Frau, in der ein ungeahnter medizinischer Forschergeist erwacht.

„Auch beim Pferd bilden Kiefergelenke und Zungenbein das vordere Ende der Wirbelsäule, da ist es genau dasselbe. Nur wenn die Kiefergelenke entspannt sind, kann auch das Pferd zur Losgelassenheit kommen."

„Verrückt, was es da für Parallelen gibt", stellt die sogenannte Besitzerin fest, die anscheinend immer noch nicht gemerkt hat, dass auch unsereins einen Körper hat.

Frau Reitlehrerin lächelt pädagogisch und ergänzt: „Und wenn das alles gegeben ist und der Reiter noch dazu ein positives Mindset hat, also gut gelaunt an die Sache herangeht, dann kann er auch in einen guten Dialog mit dem Pferd treten."

Schon wieder dieses esoterische Geschwurbel. Die Frau verdreht die Augen.

„Am besten, du probierst es direkt mal aus", schlägt Frau Reitlehrerin vor. „Bitte lächeln!"

„Ich hab hier nix zu Lachen", muffelt die Frau verbissen.

„Wenn du die Kiefer entspannst, werden auch deine Hüften locker", lockt Frau Reitlehrerin. „Reiten macht Spaß!"

„Haha. Das ist doch jetzt total albern und klappt eh nicht", beschwert sich die Frau.

„Probier's aus!"

„Auch wenn ich gar nicht lächeln will?"

„Auch dann."

Mit einem abgrundtiefen Seufzen verzieht die Frau ihre Mundwinkel nach oben. Und siehe da, der gewünschte Effekt tritt ein, obwohl die sogenannte Besitzerin ja bekanntlich nix zu Lachen hat. Wenn ich mal Zeit habe, bedauere ich sie.

„Und da haben wir die reiterliche Losgelassenheit", fasst Frau Reitlehrerin zusammen.

„Verrückt. Aber auch irgendwie cool", stellt die sogenannte Besitzerin lächelnd fest.

Wo die Frau jetzt so herrlich losgelassen ist und die Mundwinkel nach oben bewegen kann, muss sie natürlich die Welt an ihrem Glück und ihren Erkenntnissen teilhaben lassen. Außerdem kann es nicht schaden, zwischendurch das Karma-Konto aufzufüllen. Also macht sie als Erstes einen Krankenbesuch.

DER LAHMT DOCH GAR NICHT. OOOOODER?

„Wie läuft denn der Rudi so?", erkundigt sich die Frau, für ihre Verhältnisse ungewohnt empathisch. Das sind sicherlich noch die guten Vorsätze, die aus ihr rauswollen.

„Oh, ganz gut eigentlich", erwidert Rudis Besitzerin gutgelaunt. „Aus dem Kranken-Paddock ist er jedenfalls ausgebüxt, da kann es ihm ja nicht so weh tun. Vielleicht ist es auch gar keine Hufrehe."

„Oh, ah, gut", antwortet die Frau unbestimmt. Sie ist ja sonst Naturtalent in allem, aber mit Hufrehe kennt sie sich grade nicht aus. Da geht es ihr wie Rudis Besitzerin, die davon auch keine Ahnung hat. Suchend blickt sie sich um. „Wo ist er denn jetzt?"

„Oh, bei den anderen, in der Wallachgruppe" antwortet Rudis Besitzerin und deutet auf den Horizont. „Siehst du, er läuft ganz gut. Das mit dem Krankenpaddock kann ich mir sparen."

„Kriegt er denn Schmerzmittel?"

„Ja klar, volle Dröhnung. Für meinen Rudi nur das Beste."

„Und hat der Tierarzt gesagt, dass er sich bewegen soll?"

„Eigentlich nicht", antwortet Frau Rudi fröhlich. „Der hat nur gesagt, ich soll Heroin spritzen und er käme in zwei Tagen wieder. Ach nein, Heparin."

„Und warum Heparin? Und das spritzt du selber in den Rudi rein?", gruselt sich die sogenannte Besitzerin.

„Keine Ahnung. Komisch, oder?"

Ich bin ja hier nur das Pferd und hab für gewöhnlich keine Ahnung, aber sogar ich kann mich daran erinnern, dass der Tierarzt sehr viel zum Thema Rehe gesagt hat, was aber bei Rudis Besitzerin offensichtlich nicht hängengeblieben ist. Zum Glück kommt gerade Frau Reitlehrerin vorbei und erkundigt sich nach dem Patienten.

„Er läuft ganz gut", berichtet seine Besitzerin stolz.

Für einen kurzen Moment sieht es so aus, als würde Frau Reitlehrerin ihr pädagogisches Lächeln verlieren. Dann fängt sie sich wieder und teilt mit – freundlich lächelnd, aber streng – , dass Rudi vorerst gar nicht laufen sollte. Solange er Schmerzmittel bekommt und mit der Diagnose Rehe dasteht. Weil nämlich eins der Dinge, die während einer Hufrehe passieren, die Trennung des Hufbeinträgers ist. Frau Rudi guckt verständnislos. Die sogenannte Besitzerin nicht minder.

„Der Hufbeinträger", übersetzt Frau Reitlehrerin, „ist die Struktur, die das Hufbein im Huf an Ort und Stelle hält. Das Pferd hängt quasi mit seinem ganzen Gewicht in dem Hufbeinträger. Bei einer Hufrehe kommt es dazu, dass sich die Strukturen, die den Hufbeinträger darstellen, voneinander lösen, was sehr schmerzhaft ist."

„Deshalb das Schmerzmittel", nickt Frau Rudi wissend.

„Und was passiert, wenn der Hufbeinträger das Hufbein nicht mehr halten kann, weil er gerade zerreißt?", fragt Frau Reitlehrerin und beantwortet sich die Frage sicherheitshalber selbst: „Die Hornkapsel kann sich vom Hufbein lockern und im schlimmsten Fall bricht das Hufbein durch die Sohle. Es ist auch möglich, dass Pferde komplett ausschuhen, also die Hornkapsel verlieren."

„Ach was, der Rudi läuft so gut, der hat keine Schmerzen", erwidert Rudis Besitzerin gelassen.

„Ja, weil er randvoll mit Schmerzmitteln ist", erinnert sich die Frau.

„Stimmt ja! Ogottogott!" Jetzt fällt es auch Frau Rudi wieder ein.

„Deshalb sollte er sich möglichst wenig bewegen", erklärt Frau Reitlehrerin. „Um weiteren Schaden zu verhindern. Ich bin zwar keine Tierärztin, aber so kenne ich das von anderen Pferden."

„Aber er bleibt doch nicht auf dem Krankenpaddock", jammert Frau Rudi.

„Schlimmstenfalls kommt er in eine ganz dick eingestreute Box, gern auch mit einem anderen Pferd daneben", schlägt Frau Reitlehrerin vor.

„Und warum muss ich ihm Heparin spritzen?", fragt Frau Rudi, und Frau Reitlehrerin antwortet: „Ich bin ja kein Tierarzt, aber ich denke, zur Blutverdünnung. Um die Durchblutung in den Hufen zu verbessern. Wann kommt der Tierarzt wieder? Morgen? Dann machst du dir am besten vorher einen Zettel mit deinen Fragen fertig und schreibst dir die Antworten auf." Als sie Frau Rudis langes Gesicht sieht, fügt sie hinzu: „Oder du machst dir eine Sprachnotiz."

„Das geht auch?", staunt Frau Rudi und Frau Reitlehrerin nickt weise. „Ich glaube, dein Handy kann das. Und jetzt fang dir deinen Patienten ein!"

Gehorsam zieht Frau Rudi los. Die sogenannte Besitzerin begleitet sie, und gemeinsam verarbeiten sie das soeben Gehörte. Menschen, ne. Krone der Schöpfung. Kannste dir nicht ausdenken, sowas.

DAS ELFTE GEBOT:
DU SOLLST NICHT AM ZÜGEL ZIEHEN

Kennt ihr „Anlehnung"? Also nicht auf den Zügel legen (wenn man ein Pferd ist) oder sich an selbigem festhalten (wenn man ein Mensch ist), sondern die Sorte Anlehnung, von der Frau Reitlehrerin sagt, dass sie richtig ist? Also ich nicht. Bei uns gibt es das Gebiss, den Zügel und die krampfige kleine Hand der Frau, meiner neuerdings so weichgespülten und lernwilligen Besitzerin.

Frau Reitlehrerin kriegt dann immer Zustände, aber auf pädagogische Art. „Die Anlehnung wird vom Pferd gesucht und vom Reiter gestattet", erklärt sie. „Es ist also keine gute Idee, die Zügel so kurz zu nehmen, bis du einen Widerstand spürst. Wenn du mal in den Spiegel guckst, siehst du, dass der Pfridolin viel zu eng im Genick und seine Nase hinter der Senkrechten ist."

Wo ich mich doch so anstrenge! Immer hat die was zu meckern, denkt die Frau und macht ein Gesicht, das fast genauso lang ist wie meines.

„Wir machen jetzt erst eine Übung für mehr Körperspannung", lächelt Frau Reitlehrerin. Hoffentlich ohne diese bescheuerten inneren Bilder, denkt die Frau. Und sie hat Glück. Keine inneren Bilder, dafür soll sie aber die Zügel nur noch an der Schnalle festhalten und sich leichttrabend fortbewegen. Erstmal ganze Bahn, weil da das lästige Lenken wegfällt, dann aber auch auf dem Zirkel. Das klappt erstaunlich gut, weil die Frau mittlerweile gemerkt hat, dass das ganze Diskutieren mit Frau Reitlehrerin viel anstrengender ist als gleich in die Übung einzusteigen. Erwähnte ich bereits, dass Frau Reitlehrerin eine gewiefte Psychologin und eine noch bessere Ausbilderin ist?

Die Frau turnt also auf mir herum, dass es eine Freude ist, und stellt dabei fest, dass sie die Zügel gar nicht mehr zum Festhalten braucht. Frau Reitlehrerin erklärt, dass es bei der sagenumwobenen Anlehnung, unter der sich die Frau beim besten Willen nix vorstellen kann, darum geht, mir einen Rahmen zu geben, damit ich den Rücken aufwölben kann. Was total gut für mich wäre und auch bequemer für die Frau. Die Frau merkt auf. Bequem ist gut. Gesund erst recht. Damit sie eine ungefähre Vorstellung bekommt, greift Frau Reitlehrerin in die Zügel und demonstriert, wie sich das mit der Anlehnung anfühlen soll. Nämlich wie eine ganz nette, ganz leichte, gleichmäßige Verbindung, die aber (wichtige Info!) vom Pferd ausgeht.

„Ja und wie mache ich das dann?", erkundigt sich die sogenannte Besitzerin.

„Mit ganz viel Gefühl. Denk immer daran, dass deine Hände dem Pferd gehören. Du folgst dem Pferdemaul mit deinen beweglichen Fingern und sonstigen Gelenken."

„Jetzt muss ich auch noch Gefühle haben! Boah, ist das schwer", meckert die Frau, der so langsam die guten Vorsätze ausgehen. „Und außerdem muss die Rübe runter und wenn man einen Rahmen gibt, gibt man doch Druck in alle Richtungen gleichzeitig."

Kommen wir nun zum Zusammenspiel der Hilfen und seiner Wirkung auf unsereinen. Ich meine – hallo?! Was soll man denn bitteschön davon halten, wenn die Reiterin gleichzeitig auf Gas und Bremse steht? Ich spreche jetzt nicht von den armen Gehirntoten, die komplett mürbe geritten wurden, sondern von einem normal aufgeschlossenen Pferd, das gern die Idee hinter den Hilfen verstehen möchte.

Druck aufs Gebiss – oder was es meist ist: am Zügel ziehen – heißt langsamer. Mehr ziehen heißt stehen bleiben, und noch mehr ziehen rückwärts. Gleichzeitig wird aber auch lustig getrieben, denn viel hilft viel. Also ziehen und treiben. Das kann heißen: Ich weiß nicht, was ich will. Oder: Geh rückwärts. Oder: Mach dich rund und geh am Zügel, du Mistvieh.

Oooder man hat jemand wie unsere Frau Reitlehrerin, die genau erklären kann, dass Hand und Bein nicht gleichzeitig einwirken, sondern minimal versetzt.

Ach guck. Die Frau staunt.

Aber Frau Reitlehrerin ist noch nicht fertig: „Du kannst die Beizäumung nicht mit der Hand erzwingen, da kannst du höchstens den Hals krumm ziehen, so dass der Pfridolin einen falschen Knick bekommt."

„Aber das macht doch jeder so", verteidigt sich meine Reiterin.

„Dadurch wird es aber noch lange nicht richtig. Das Genick soll der höchste Punkt sein und die Nase vor der Senkrechten. Die Beizäumung ergibt sich dadurch, dass dein Pferd korrekt an den Zügel herantritt, wofür die Aktivität der Hinterhand entscheidend ist."

„Verstehe ich nicht. Reiten ist überhaupt ein doofer Sport, Minigolf ist viel schöner", moppert die Frau.

Frau Reitlehrerin erklärt geduldig lächelnd: „Du nimmst die Zügel jetzt ganz allmählich wieder auf, so dass sich der Pfridolin auf das veränderte Zügelmaß einstellen kann. Du willst ihn ja nicht überfallen."

„Auf dem seine Gefühle muss ich auch noch Rücksicht nehmen", stöhnt die Frau.

„Genau", lächelt Frau Reitlehrerin unerschütterlich. „Und jetzt stellst du dir vor, dass du mit den Zügeln Energie nach vorne gibst."

„Das kann ich nicht."

„Dann stell dir vor, die Zügel wären Feuerwehrschläuche. So entsteht eine ganz andere Bewegungsdynamik."

Ja, nämlich nach vorne.

„Ogottogott, das ist aber schnell", stöhnt die Frau und klammert sich an die Zügel.

„Feuerwehrschläuche", ruft Frau Reitlehrerin beschwörend und die Frau hört auf zu ziehen.

„Genau so muss es sein", strahlt Frau Reitlehrerin. „Die Hinterhand fußt dynamisch ab. Diese Bewegungsenergie musst du erhalten. Und dann geht der Pfridolin von ganz allein am Zügel, ohne dass du groß was dafür tun musst. Einfach die Bewegung fließen lassen und entspannt ein paar Übergänge reiten."

Die sogenannte Besitzerin ist nicht überzeigt, tut aber, wie ihr geheißen.

„Guck, jetzt streckt sich der Pfridolin an den Zügel heran und fragt, ob das ok ist. Du bleibst weich mit deinen Händen und sagst ihm dadurch, dass das genau die Anlehnung ist, die du möchtest."

„Und wenn er das nicht macht?"

„Dann kannst du es nicht erzwingen. Die Anlehnung muss vom Pferd ausgehen. Denk an das elfte Gebot: Du sollst nicht am Zügel ziehen!"

Und da habe ich ausnahmsweise nichts hinzuzufügen.

Weshalb sich die sogenannte Besitzerin aber so ganz eigentlich an den Zügeln festkrallt, ist die schlichte Tatsache, dass sie sich daran festhält. Wie am Haltegriff in der Straßenbahn. Weil dieses Reiten nämlich mit allerlei Bewegung verbunden ist und sich das steife Frauchen einfach nicht ausbalancieren kann. Besonders schlimm ist es, wenn ich mich halbwegs dynamisch bewege. Wenn ich wie ein rückenkrankes Faultier daherkrieche, bewegt sich mein Rücken nicht und die feine Dame sitzt wie festzementiert auf mir drauf. Kommt ein bisschen mehr Bewegung dazu, ist das Geschrei groß.

IMMER DIESER SCHRECKLICHE SCHWUNG!

„Als erstes muss man den ganzen Schwung wegreiten, damit es bequemer wird", stellt Frau Reitlehrerin fest. Zwinker, zwonker. Weil sie das natürlich nicht ernst meint. Die Frau, meine sogenannte Besitzerin, fühlt sich endlich mal verstanden und ernstgenommen und stimmt aus vollem Herzen zu. „Ja, schlimm, dieser Schwung! Tooootaaaaal unbequem ist das."

Frag mich mal, schließlich hoppelst du auf meinem Rücken rum, denke ich mir.

Frau Reitlehrerin lächelt pädagogisch und erklärt, dass das ein Scherz war.

„Haha, sehr lustig", muffelt die Frau. Und etwas leiser: „Scheiss-Schwung."

Frau Reitlehrerin hat es aber trotzdem gehört und erwidert: „Schwung ist ganz wichtig. Du willst doch den Pfridolin geraderichten und versammeln."

„Und Piaffe reiten!", quietscht die Frau, die stark auf bestimmte Schlüsselreize wie Versammlung, Piaffe oder Reitkunst reagiert.

„Genau", lächelt Frau Reitlehrerin beruhigend. Sie lässt uns zum Schritt durchparieren, weil die Frau nicht gleichzeitig reiten und zuhören kann. Außerdem ist die eh schwung-technisch auf Krawall gebürstet, da muss man sie erst wieder einfangen.

„In der Ausbildung des Pferdes kommen Geraderichtung und Versammlung erst nach Takt, Losgelassenheit, Anlehnung und Schwung", erklärt Frau Reitlehrerin. „Weil die nämlich die Basis für alles weitere sind. Ohne Takt keine Losgelassenheit, ohne Losgelassenheit keine Anlehnung, ohne Anlehnung kein

Schwung."

„Aha", antwortet die Frau wenig begeistert. „Und wozu ist dieser blöde Schwung gut?"

„Der Schwung ist das sichtbare und fühlbare Zeichen dafür, dass sich das Pferd im Rücken loslässt und die Bewegung der aktiven Hinterhand durch den ganzen Körper fließen lässt."

„Aber sagt doch nur die blöde FN, und Sportreiterei ist eh böse. Ich will ja Reitkunst treiben, da gelten ganz andere Maßstäbe", entrüstet sich die Frau.

„Auch in der Reitkunst wird auf Pferden geritten", gibt Frau Reitlehrerin zu bedenken. „Und bestimmte Dinge bauen nun mal aufeinander auf. So schlecht ist die Ausbildungsskala nämlich nicht, das sind alte Grundsätze. Was in der Turnierreiterei und auch in der Reitkunst daraus gemacht wird, steht auf einem ganz anderen Blatt."

„Hmpf." Die sogenannte Besitzerin ist nicht überzeugt.

„Schwung ist gut und wir brauchen ihn", fasst Frau Reitlehrerin zusammen.

„Aber er ist so grässlich unbequem."

Frau Reitlehrerin reagiert mit herzloser Heiterkeit und empfiehlt Yoga, innere Bilder, vor allem die vom rückwärts Radfahren, und leichttraben. („Leichttraben!" jauchzt die Frau, die da wirklich nicht alleine draufgekommen ist.) Und Übergänge, zum Beispiel im Trab zulegen und abfangen.

Oh, ah. Eine neue Aufgabe! Die Frau schnauft nervös und entwickelt innere Bilder, die anscheinend viel mit Techno und Nähmaschinen zu tun haben. Ähnlich konfus gestaltet sich die Hilfengebung: Aus einem Zuckeltrab wird hektisches Getrappel, das von erneutem Zuckeltrab abgelöst wird.

„Die Frequenz bleibt die gleiche, lediglich die Trabtritte werden größer oder kleiner. Im Moment wird der Pfridolin nur eiliger", erinnert Frau Reitlehrerin. „An der nächsten langen Seite nochmal!"

Wieder Zuckeltrab und Nähmaschinen-Techno. Stampf-stampf-trappel-trappel, das man bis ins nächste Dorf hört. Ihr wisst, was ich meine.

„Du behältst den Rhythmus bei, nur die Trabtritte verändern sich, indem sie kleiner und größer werden", versucht es Frau Reitlehrerin auf andere Art und gibt noch einen Tipp: „Du kannst das über die Art und Weise deines Leichttrabens beeinflussen, über die Energie, die du hineingibst."

Sicherheitshalber macht sie es zu Fuß vor.

Die Frau lacht fröhlich, möglicherweise hat sie es jetzt verstanden.

Ich weiß natürlich, wie das geht, aber wenn einen die sogenannte Besitzerin immer stört, kommt halt sowas dabei raus. Jetzt aber. Volle Konzentration.

„Trab Trab Trab, Traaab Traaab Traaab", sagt Frau Reitlehrerin vor. Und aus Versehen macht die Frau wohl was richtig, denn Frau Reitlehrerin lobt: „Sehr gut! Der Pfridolin fußt nach vorwärts-aufwärts ab, genau so muss es sein!"

Die Frau kann gerade nicht antworten, weil sie vor Freude und Schwung ganz überwältigt ist. Sicherheitshalber falle ich in Schritt.

„Ich wusste ja gar nicht, wie sich das anfühlen kann", sagt die Frau mit bebender Stimme. „Und dass man dabei leichttraben kann!!!"

Folgt uns für mehr bahnbrechende Erkenntnisse!

Und das wars vorerst mit dem Thema Reitkunst. Denn wir kennen die sogenannte Besitzerin: Sie ist ungefähr genau so leicht abzulenken wie ein ADHS-krankes Eichhörnchen und alles, was länger als eine halbe Stunde zurückliegt ist, ist grauer Nebel. Ihr ganz brandaktueller Spleen ist – ta-dah! Handpferdreiten.

HANDPFERDREITEN IST DOCH WOHL KEINE KUNST. ODER?

Die Frau, unsere sogenannte Besitzerin, hat wieder was gesehen, was ihr keine Ruhe lässt. Handpferdreiten! Das sieht cool aus, das sieht professionell aus, man spart Zeit und schindet Eindruck – kurz: das will sie auch können. Und das Allerbeste: Es scheint total einfach zu sein – einfach auf Pony Nummer Eins setzen, Pony Nummer Zwei am Strick und fertig. Und alle Spaziergänger werfen sich ehrfürchtig zu Boden und bewundern ihre Kunst.

Und weil großartiges Nachdenken oder gar Vorbereiten nicht zu ihren Kernkompetenzen zählt, sattelt sie frohgemut den Lutschi, was unser spanisches Mähnenwunder ist, zieht mich am Halfter aus der Box und steht jetzt erstmal mit zwei Pferden vor der Reithalle.

Gottseidank erbarmt sich eine mitleidige Seele, öffnet ihr das Tor und hält mich fest, bis sich die sogenannte Besitzerin auf den Rücken vom Lutschi gehievt hat. Da sitzt sie jetzt rum und wartet darauf, dass ihr mein Führstrick angereicht wird. Sobald das Frauchen den Strick hat, drehe ich mich um und marschiere los. Schließlich bin ich hier die Führungspersönlichkeit und nicht das spanische Mähnenwunder.

Der Lutschi kann mit so viel Input nix anfangen und bleibt stehen, während die Frau in Zeitlupe von ihm herabrutscht, meinen Strick fest im Griff.

Hmpf. Die Frau flucht leise, tut aber vor den Zuschauern, die sich auf wundersame Art vermehrt haben, so, als wäre das Absicht gewesen.

Neuer Versuch, in der bekannten Anordnung. Dieses Mal laufe ich nicht los, sondern bleibe einfach stehen, direkt vor dem Lutschi, so dass wir jetzt Kopf an Kopf stehen. Was eigentlich eine prima Gelegenheit für Halfterzieh-Spiele ist. Findet der Lutschi auch. Die Frau nicht, aber sie kann auch nichts dagegen machen. Irgendwann steigt sie zeternd ab und bringt uns zurück in den Stall.

Cool, schon Feierabend, denke ich mir und wälze mich erstmal. Aus keinem besonderen Grund, einfach, weil ich es kann. War aber auch wieder nicht richtig, weil die Frau plötzlich mit meinem Sattel dasteht und neue schlechte Laune hat.

Der Lutschi guckt sie groß an und bettelt nach Keksen.

Na gut, seufzt sie, bringt den Sattel weg, holt Putzzeug und Kekse und bindet mich auf der Stallgasse an. Das hatte ich zwar anders geplant, aber wenigstens gibt's Kekse. Vielleicht wird's doch noch ganz nett. Auf jeden Fall kratzt sie mich mit dem Striegel da, wo es juckt. Sehr angenehm.

Irgendwann später – ich muss wohl weggedöst sein – steht sie wieder mit dem Sattel da und wir unternehmen eine neue Expedition in die Reithalle. Dort ist es mächtig voll, wie ich interessiert feststelle. Die meisten Leute sind allerdings ohne Pferd da. Wir hätten Eintrittskarten verkaufen sollen.

Neue Versuchsanordnung: diesmal muss ich Reitpferd spielen und der Lutschi geht am Halfter mit. Also theoretisch. Denn praktisch steht er da, wo er steht, sehr gut und nutzt die Gelegenheit für ein Nickerchen. Eine andere mitleidige Seele weckt ihn und reicht der Frau den Führstrick an. Die thront bereits, ihr ahnt es schon, auf meinem Rücken und ordnet im Schritt angehen an.

Als erstes muss ich hier mal klarstellen, wer das Chef-Pony ist. Ich nämlich. Ich funkle den Lutschi böse an und marschiere strammen Schrittes los. Der Lutschi bleibt erschrocken stehen. Die Frau hält den Führstrick mit eiserner Faust und liegt somit im Dreck, da der Lutschi etwas schwerer ist als sie.

Die Stimmung bei den Zuschauern ist gut. Bei der Frau nicht so sehr. Sicherheitshalber laufen der Lutschi und ich erst mal weg. Als ich gerade darüber nachdenke, mich mit Sattel zu wälzen, steht allerdings die Frau alias Rumpelstilzchen neben mir und blökt mir in die Ohren, dass mich fast der Schlag trifft. Auch der Lutschi ist wieder eingefangen und wir wandern zum drölfzigsten Mal zur Aufsteighilfe.

Wieder wird der Lutschi-Strick angereicht und wir starten einen neuen Versuch. Diesmal stapft der Lutschi los wie vom bösen Geist gejagt, während ich artig stehenbleibe und meinen Heiligenschein poliere. Fluchend lässt die Frau den Strick los.

Sieh da, sie lernt dazu, denke ich erstaunt. Applaus von den Zuschauern. Die Frau überlegt kurz, ob sie so tun soll, als hätte sie das genauso geplant. Der Lutschi wird wieder eingefangen. So langsam gehen uns die mitleidigen Seelen aus.

Die Frau geht mit sich zu Rate, ob man Handpferdereiten eventuell vorbereiten oder gar üben muss. Sagt nichts, ich glaube, sie kommt noch selbst darauf.

HOW TO HANDPFERD

Die halbe Stunde ist rum – wir erinnern uns: grauer Nebel im Kopf der Frau- , aber sie verspürt immer noch den unseligen Drang, die Gegend mit 2 PS unsicher zu machen. Erste Versuche in der Halle waren interessant (so sagt man doch, oder? Interessant ist die kleine Schwester von scheisse) und unterhaltsam (für alle außer für die Frau). Also wird Frau Reitlehrerin konsultiert.

Die freut sich, dass die Frau vorübergehend von ihrem Piaffe-Fimmel kuriert ist und erklärt: „Als erstes musst du prüfen, ob die Stimmkommandos gut umgesetzt werden."

Die sogenannte Besitzerin steht vor ihr in der Reithalle und legt den Kopf fragend schief. Das spanische Mähnenwunder und ich mussten beide mitkommen, um etwaige Vorschläge von Frau Reitlehrerin direkt in die Tat umsetzen zu können. Jetzt stehen wir gesattelt hier rum und schlafen (der Lutschi) beziehungsweise spekulieren auf Leckerli (ich).

Frau Reitlehrerin erklärt weiter: „Die Stimmkommandos für Schritt, Trab und Anhalten müssen immer sofort befolgt werden. Den Galopp lassen wir erstmal weg. Achte darauf, dass du konsequent bist und viel lobst! Für die ersten Schritte ist es am einfachsten, wenn du das ranghöhere Pferd reitest, das ist dann der Pfridolin."

Endlich wird es mal gewürdigt, dass ich hier die Autoritätsperson bin. Schließlich trage ich auch die Verantwortung dafür, dass der Lutschi und ich die wahnwitzigen Ideen der Frau überleben. Der Lutschi bekommt die Rolle des Wackeldackels zugewiesen, der als Handpferd mitgeht.

So weit, so gut. Die sogenannte Besitzerin hievt sich auf

meinen Rücken, bekommt den Führstrick vom Lutschi in die Hand gedrückt und Frau Reitlehrerin hilft von unten.

Boah ey, wird das hier wieder so ein Bootcamp, denke ich erschrocken, aber Frau Reitlehrerin spricht mich freundlich an und würdigt meine Intelligenz, da will ich mal nicht so sein. Beschwichtigt setze ich mich in Bewegung, nachdem ich die unklare Hilfengebung meiner Reiterin und Frau Reitlehrerins Stimmkommando zueinander in Beziehung gesetzt habe. Der Lutschi träumt noch und hat die ganze Action verpasst. Wahrscheinlich auch, weil die sogenannte Besitzerin sonst die ganze Zeit vor sich hinbrabbelt. Da weiß man nie, was davon wichtig ist.

„Lucero, Scheritt", kommandiert Frau Reitlehrerin und da wird auch der entspannte Siestafreund wach und marschiert im Gleichschritt mit mir mit. Die Frau jauchzt und lässt vor Begeisterung fast den Führstrick los.

Nun wird noch Anhalten geübt. Dafür hat Frau Reitlehrerin in weiser Voraussicht das Wort Whoa installiert, das ansonsten nicht gebraucht werden darf. Und wenn Whoa, dann wird stehengeblieben. In jeder Lebenslage. Und! Man bekommt ein Keksi. So will es das Gesetz. Anhalten klappt also prima. Wieder angehen mit Hilfe von Frau Reitlehrerin auch.

Wie es der Zufall will, hat sie uns beiden auch das Kommando Back für Rückwärts beigebracht. Quasi als Grundwortschatz. Auch dieses Wort darf sonst niemals ausgesprochen werden, damit es seine Bedeutung nicht verliert. Nicht wie das dauernde Schnalzen, was die Frau quasi automatisch macht und wovon sie gar nicht mitbekommt, dass sie es überhaupt macht. Das kann man prima und komplett folgenlos ignorieren.

Also wird wieder durchpariert und der Lutschi und ich gehen brav auf Kommando „Pfridolin, Lucero, back" ein paar Schritte rückwärts. „Und wenn du nur ein Pferd mit dem Stimmkommando meinst, sagst du seinen Namen dazu, damit es sich angesprochen fühlt", schärft Frau Reitlehrerin der sogenannten Besitzerin ein.

Die ist immer noch sprachlos vor Begeisterung und nickt nur glücklich. Ist auch mal ganz schön, wenn da oben Ruhe ist.

„Nun erhöhen wir den Schwierigkeitsgrad und nehmen die Lenkung dazu", strahlt Frau Reitlehrerin, die durch geschickten Einsatz ihrer Körpersprache dafür sorgt, dass wir immer noch gemeinschaftlich auf Kurs sind, leicht versetzt allerdings. Ich vorneweg, wie sich das gehört, der Lutschi mit seinem zotteligen Schopf auf Höhe meiner rechten Schulter. Obendrauf die sogenannte Besitzerin als Master of Disaster, das hätte sich nach unserem letzten Experiment doch eigentlich keiner vorstellen können.

Überhaupt – wo ist unser Publikum? Erst jetzt stelle ich fest, wie leer es in der Halle ist. Auch die sogenannte Besitzerin merkt es. „Wenn's mal klappt, guckt natürlich keiner." Aber Frau Reitlehrerin guckt und lobt, und da wird die Frau direkt einen Meter größer.

„Jetzt wendest du auf den Zirkel ab. Der Lutschi ist jetzt außen und hat den längeren Weg, da musst du ihn fleißig machen, damit er auf seiner Position bleibt. Erst mit der Stimme, zum Beispiel mit dem Kommando flott oder was einem sonst so einfällt und wenn das nicht wirkt, mit dem Stöckchen anticken. Und zwar wohldosiert – erst einfach nur berühren und wenn er darauf nicht reagiert, etwas stärker antippen", erinnert Frau Reitlehrerin.

Mit Gefühl treiben, da war doch was, erinnert sich die sogenannte Besitzerin. Angesichts ihrer prekären Lage als Bändigerin zweier Rosse entscheidet sie sich für den supersoften Ansatz. Reicht aber auch aus. Hoppala. Der Lutschi, der sich bisher schön hat abschleppen lassen, erwacht aus seinem Koma und schwingt die Hufe, allerdings mit dem Temperament einer sehr, sehr alten

Schildkröte. Wir sind nun wieder auf gleicher Höhe.

Und jetzt lässt sich die sogenannte Besitzerin entschuldigen. Sie teilt mit, ihr würde der Schädel rauchen und sie müsste die neu gewonnenen Eindrücke erst mal verarbeiten. So endet die Reitstunde harmonisch und jeder hat ein Erfolgserlebnis gehabt. Ich war Chefpony, der Lutschi ist erfolgreich mitgedackelt und die sogenannte Besitzerin war angenehm wortkarg und wurde sehr gelobt. Läuft bei uns.

Und das wars auch schon mit dem Handpferdreiten. Die sogenannte Besitzerin stellt fest, dass man das üben muss. Und noch schlimmer: mit etwas Überlegung und Planung an die Sache herangehen. Sowas kann sie ja gar nicht. So ganz eigentlich ist sie ja zu Höherem berufen, findet sie. Nämlich zur Reitkunst. Wobei Kunst bekanntlich von Können kommt und sie kann es halt nicht.

„Was machst du da eigentlich?", fragt Frau Reitlehrerin ehrlich erstaunt. Die Frau, meine sogenannte Besitzerin, weiß das auch nicht so genau, nuschelt aber was von „Aufwärtsparade" und „Genick höchster Punkt". Mal unter uns: Was sie tatsächlich tut, ist, meinen Kopf mit den Zügeln hochzuzuppeln.

Frau Reitlehrerin ist Pädagogin durch und durch und lobt die Frau erstmal für die Erkenntnis, dass das Genick der höchste Punkt des Halses sein soll. „Wenn Pferde mit dem Nasenrücken hinter die Senkrechte kommen, haben wir es meist mit dem falschen Knick zu tun, der schädlich ist. Oder sogar mit Rollkurreiterei, die noch schädlicher und ganz und gar nicht pferdegerecht ist."

Die Frau nickt stolz. Alles richtig gemacht, oder?

Aber Frau Reitlehrerin ist noch nicht fertig: „Wir möchten, dass der Pfridolin mit der Nase an der Senkrechten ist, gern auch leicht davor. Weil er die Gelenke der Hinterhand vermehrt beugt und dadurch hinten mehr Last aufnimmt. So wird er hinten tiefer und kommt mit der Vorhand höher. Man nennt das auch relative Aufrichtung."

Die Frau schielt in den Spiegel. „Hat er doch", behauptet sie.

„Gleichzeitig möchten wir, dass er den Rücken aufwölbt und die Muskulatur der Oberhalslinie deutlicher hervortritt als die Muskulatur im Unterhals", spricht Frau Reitlehrerin weiter.

Hä?, sagt der Blick der Frau. Und: Was wir alles möchten, tststs.

„Wenn der Pfridolin den Unterhals herausdrückt und

aussieht wie ein Hirsch, kann er die Nase so weit vor der Senkrechten haben wie er will, es ist trotzdem nicht richtig. Weil zugleich mit dem herausgedrückten Unterhals auch der Rücken nach unten weggedrückt wird. Man nennt das absolute Aufrichtung, weil sie mit der Hand erzwungen wird."

„Aha. Absolut, cool. Dann mach ich ja alles absolut richtig", beschließt die sogenannte Besitzerin.

Frau Reitlehrerin lächelt tapfer weiter: „Was wir wollen, ist die relative Aufrichtung, die von der Hinterhand ausgeht und ohne Handeinwirkung erzielt wird. Nur dann geht die Energie von hinten über den Rücken nach vorn-oben, der Pfridolin hebt sich in den Schultern, der Hals rundet sich, der Ganaschenwinkel ist offen und der Nasenrücken leicht vor der Senkrechten."

„Ahhhh", macht die Frau. „Aber relativ ist doch weniger als absolut. Versteh ich nicht, wieso das besser sein soll."

Gut, dass sie Frau Reitlehrerin fragt, die weiß nämlich nicht nur alles, sondern kann auch alles erklären. Und zwar: „Bei der relativen Aufrichtung hebt sich das Pferd vorn in Relation dazu, wie es sich in der Hinterhand absenkt. Das ist anatomisch richtiges versammeltes Reiten. Bei der absoluten Aufrichtung wird nur der Kopf hochgezwungen. Das Pferd kann dann gar nicht hinten tiefer werden und sich versammeln."

„Ach so. Hätte man aber von der Wortwahl her auch einfacher machen können", findet die sogenannte Besitzerin und da hab ich ausnahmsweise nichts gegen einzuwenden.

Und dann war die sogenannte Besitzerin entweder zu viel online oder sie hat eine Überdosis von den Beruhigungskräutern in der Futterkammer erwischt. Oder beides. Auf jeden Fall gab es einen kleinen Unfall beim Shoppen, wo ihr die Impulskontrolle vollkommen flöten gegangen ist und sie hinterher mit einem Haufen Western-Zubehör dastand.

HORSEMANSHIP-HANSI

„Come on, boy", nuschelt die Frau, meine sogenannte Besitzerin. Mit dem *boy* bin wohl ich gemeint, denn außer uns ist hier keiner. Nur ich und die Frau, die offensichtlich extrem-shoppen war und jetzt mit Cowgirl-Outfit unterwegs ist. Die neuen Kataloge und neues Leben und überhaupt, ihr wisst ja, wie das immer so ist. Das Knotenhalfter und das Führseil hätten mich schon stutzig machen sollen, aber da hab ich mich noch über ihren Gang amüsiert. Anscheinend sind ihre Füße nicht mit Cowboystiefeln kompatibel.

Jetzt steht sie vor mir und hat Zuckungen und leider auch das Führseil in der Hand. Bei der ganzen Wedelei schlägt das formschöne, aber doch unbequeme Knotenhalfter Wellen in meinem Gesicht. Keine Ahnung, was das nun wieder soll. Ob sie an den Stromzaun gekommen ist? Das würde natürlich einiges erklären.

Zum Glück kommt gerade Frau Reitlehrerin vorbeigeschlendert. „Machen wir diese Woche noch Dressur-Unterricht?", erkundigt sie sich diplomatisch.

„Ich mach jetzt Cowboy Dressage und Horsemanship", teilt die Frau ganz wichtig mit. „Dressage natürlich wegen der Piaffe."

„Natürlich", nickt Frau Reitlehrerin und bemüht sich, ernst zu bleiben.

Der Piaffe-Fimmel der sogenannten Besitzerin wird langsam pathologisch, denke ich mir, lausche aber weiterhin ihren Worten. In der Hoffnung, darin Aufklärung für die aktuelle Ereignisse zu finden.

„Und Horsemanship, weil das tooootaaaaaal toll ist", spricht die Frau weiter. „Du kennst doch den Hansi. Von der Sandy", fragt sie.

Horsemanship-Hansi, wer kennt ihn nicht. Da ist sogar in deiner Birne mehr Leben als in der vom Hansi, weil der gehirntot gehorsemanshipped wurde, würde ich gern antworten, aber ich bin ja hier nur das Pferd und man sagt mir nach, ich würde lästern.

„Und der Hansi ist tooooooootaaaaaal brav und cool", schwärmt die Frau. „Die Sandy war neulich mit ihm Inliner fahren, auf dem Radweg, und da hat ihm ein Auto fast den Hintern abgefahren. Das hat den Hansi gar nicht gestört. Und der bleibt unangebunden stehen und man kann ihm den Wasserschlauch ins Gesicht halten und es macht ihm gar nichts aus und das will ich auch."

Ich habe genug gehört und plane meine Flucht. Wer aber bleiben muss, ist die Frau, denn die wird jetzt von Frau Reitlehrerin ins Gebet genommen, freundlich zwar, aber doch humorloser als sonst: „Beim Horsemanship geht es ganz oft um erlernte Hilflosigkeit. Die Pferde lernen, dass es keinen Sinn hat, sich zu wehren, und geben sich auf."

„Gar nicht wahr, die Sandy spielt immer mit dem Hansi", kräht die Frau vorwitzig.

„Ah, die berühmten sieben Spiele", antwortet Frau Reitlehrerin.

„Gar nicht berühmt, ich kenn die jedenfalls nicht", erwidert die Frau.

„Das sind verschiedene Übungen, bei denen Rangordnungssituationen durchexerziert werden, teilweise bis zum Exzess. Und dann bekommt man so Pferde wie den Hansi, denen alles egal ist."

Aber mit denen man auch alles machen kann, überlegt die Frau begehrlich. Die hatte sich das anscheinend so vorgestellt, dass sie bissl Horsemanship machen und mich auf wundersame Weise in ein flauschiges Wiesenmoped verwandeln kann. „Wie ein Fahrrad", beschreibt sie den Hansi. „Ganz brav und gehorsam!"

„Schon praktisch, so ein Fahrrad. Das diskutiert auch nicht mit einem", konstatiert Frau Reitlehrerin.

„Genau", nickt die Frau.

„Wenn dir das so wichtig ist, dann solltest du vielleicht lieber Fahrrad fahren und aufs Reiten verzichten", schlägt Frau Reitlehrerin vor. „Man muss nicht alles machen, was man kann. Auch ein Tier hat Würde und die darf man ihm nicht nehmen. Respekt ist nämlich keine Einbahnstraße. Und im Idealfall hat das Pferd genauso viel Spaß am gemeinsamen Tun wie die Reiterin."

Und ich weiß ja nicht, aber möglicherweise hab ich jetzt erstmal frei, weil die Frau ein Fahrrad kaufen will. Gute Idee, ich feiere das.

Das mit dem Fahrrad hat nur vorübergehend geklappt, weil die Frau relativ schnell festgestellt hat, dass dieses Strampeln anstrengend ist. Einfacher als Reiten, ja, aber auch anstrengend. Und Fahrräder sehen einfach nicht so hervorragend aus wie unsereiner. Und süße kleine Plüschöhrchen haben sie auch nicht. Auf dieser Erkenntnis basiert unsere Überlebensstrategie, aber nicht weitersagen. Überleben deshalb, weil die Frau seit neuestem Wolfsfan ist. Ja, genauso hab ich auch geguckt.

DER WOLF, DAS UNVERSTANDENE SEELENTIER

„O wie wundervoll", murmelt die sogenannte Besitzerin und starrt verzückt auf ihr Handy.

„Guck mal hier!" Sie wedelt so aufdringlich mit dem Gerät, dass Frau Reitlehrerin einen Blick riskiert.

„Ein Wolf", kommentiert die stirnrunzelnd.

„Ja, wunderbar, oder?"

„Geht so", meint Frau Reitlehrerin, die ihre Begeisterung offensichtlich nicht teilt.

„Ach, die tun nichts. Und sind herrlich mystisch und geheimnisvoll." Das ist dasselbe, aber ich bin hier nur das Pferd und man sagt mir nach, ich würde lästern.

„Es gibt viele Pferdebesitzer, die das anders sehen."

„Wölfe greifen doch keine Pferde an! Nur kleine Tiere, Rehe und so. Und dann suchen die sich ein altes oder ein krankes heraus. Sie erlösen es also und tun ihm so einen Gefallen."

„Und außerdem gesunde Ponys, Schafe, Rinder und Pferde," zählt Frau Reitlehrerin auf. „Und nicht nur eins, sondern sie greifen mehrere Beutetiere an, wenn mehrere Beutetiere vorhanden sind."

Und übrigens bereite ich mich mental auf die Weidesaison vor und lasse mir ungern den Appetit verderben. Ist doch wahr.

„Da muss man halt die Weiden gescheit einzäunen, dann passiert auch nix. Der Wolf ist genau so viel wert wie jedes andere Tier auch! Und er ist so schöööhööööhöön und mein Seelentier, jawohl." Und dann fällt ihr noch was ein: „Die sind voll sozial. Mowgli wurde von Menschen ausgesetzt und von den Wölfen aufgezogen. Wölfe sind also die besseren Menschen."

„Du willst jetzt aber nicht im Ernst das Dschungelbuch als Beweis für das goldene Herz der Wölfe bemühen? Das ist ein Jugendbuch, das sich ein englischer Autor vor über hundert Jahren ausgedacht hat."

„Jaha, alte Weisheit ist das nämlich", triumphiert die Frau.

„Bei Bekannten war der Wolf im Offenstall und hat mehrere Pferde angegriffen. Auch Kaltblüter", erzählt Frau Reitlehrerin gelassen.

„Ja dann muss man eben wolfssichere Zäune bauen, Herrgott nochmal". Da kriegt die Frau direkt wieder Blutdruck.

„Je nach Bundesland braucht man dafür eine Baugenehmigung, die nicht immer erteilt wird", erklärt dagegen Frau Reitlehrerin, die offensichtlich einen besseren Kontakt zur Realität hat als die sogenannte Besitzerin. „Richtig wolfssichere Zäune gibt es ohnehin nicht, weil die klettern können und bis zu vier Meter hoch springen."

So langsam gehen der Frau die Argumente aus, aber sie gibt nicht auf: „Ja und die Wolfsgehege?"

„Die sind eingezäunt wie Gefängnisse, und auch da entwischen immer wieder Wölfe", weiß Frau Reitlehrerin.

„Dann muss man es eben richtig machen. Wölfe sind faszinierende Geschöpfe und ich hab letzte Nacht von einem geträumt. Weil das nämlich mein Seelentier ist. Guck mal, ich krieg Gänsehaut. Und die sind gar nicht aggressiv, sondern gehen dem Menschen aus dem Weg. "

„Das mag früher so gewesen sein, aber heutzutage haben die Wölfe keine Angst mehr. Die sind ja klug („Siehst du!", trumpft die Frau auf) und merken, dass ihnen von Menschen oder Gewehren keine Gefahr droht. Im Gegenteil, wenn gejagt wird, gibt es lecker Wildbret."

„Jagen ist ja auch böse", mault die Frau, aber Frau Reitlehrerin ist noch nicht fertig. „Zum einen muss man sich … ahem … wolfssichere Zäune genehmigen lassen, und das ist nicht immer einfach. Zum anderen sind die sehr aufwendig im Bau und in der Unterhaltung und das Wild kann dann auch nicht mehr wie vorher auf die Weiden. Zum Beispiel besteht so ein … ahem … wolfssicherer Zaun aus sehr vielen Litzen, die im Abstand von zirka zwanzig Zentimetern gespannt werden müssen. Die unterste Litze darf maximal zwanzig Zentimeter über dem Erdboden liegen, so dass man ständig alles freischneiden muss. Zwanzig Zentimeter ist nämlich nicht sehr hoch."

„Aber warum?", wundert sich die Frau.

„Als Untergrabschutz", antwortet Frau Reitlehrerin. „Insgesamt werden sechs Litzen mit 145 cm Gesamthöhe empfohlen. Zusätzlich müssen die Weidetore elektrifiziert werden und ebenfalls mit einem Untergrabschutz versehen sein. Und weil Wölfe auch Flüsse überwinden, muss man Gewässer ebenfalls auf die Art einzäunen, wenn sie an eine Weide angrenzen."

Die sogenannte Besitzerin versucht sich das bildlich vorzustellen und guckt nachdenklich. Nach kurzer Bedenkzeit teilt sie mit: „Ich glaube, mein Seelentier ist doch lieber die Katze."

Ob das reicht?

Zum Glück sind die Seelentiere der Frau weit weg und wir können unbeschwert die Weidesaison einläuten. Und vorher wird fürstlich angegrast, weil wir ja unsere zarten Mägen und die lieben kleinen Darmbakterien beizeiten ans Gras gewöhnen müssen.

GRAS TO GO

Ich bin ganz aufgeregt, gleich geht's los. Die sogenannte Besitzerin und ich gehen essen. Es ist Zeit zum Angrasen, hurra!

Nun gibt es da ja bekanntlich mehrere Sorten: Die ~~Pingeligen~~ Systematischen, die täglich und bei Wind und Wetter mit der Stoppuhr losziehen und minütlich steigern. Stichwort: „Heute hat er gar nicht gefressen und nur in der Gegend rumgeguckt, so können wir den Plan NIE einhalten!"

Die Verwirrten, die alle paar Tage dran denken und dann völlig verpeilt mit Pferd auf dem Seitenstreifen der Schnellstraße stehen. „Hier ist aber ein Verkehr, komisch."

Die Kontrollfreaks. Das sind die mit dem Knotenhalfter, wo jeder Grashalm und jedes Blättchen vorher inspiziert wird.

Die Gechillten, die auch Knotenhalfter verwenden, denen es aber komplett latte ist, welche Grassorte sich unsereins da wegkimmelt. Tragen oft Cowboystiefel oder -hüte.

Die Wendys mit dem Flauschihalfter, die verträumte Reels mit Blümchenkränzen posten und sich gelegentlich auch ans Grasen erinnern. „Oh, und man muss auf die Uhr gucken? Verdammt."

Und dann gibt es die mit den Assistenzpferden, die ihre Besitzer so aufdringlich ans Grasen erinnern, dass da kein Weg dran vorbeiführt. Das sind wir, der Lutschi und ich. Hilfsbereit und treu wie Gold. Und sehr, sehr, sehr gewissenhaft.

Wobei ich mich auf erbarmungswürdige Blicke und deutliche Richtungsangaben beschränke. Das spanische Mähnenwunder fährt dagegen das gesamte tragische

Repertoire auf, das einem Verhungernden zu eigen ist.

Angefangen vom traurigen Lecken an allem, was grün ist (Putzkasten, Zaunpfahl, Bonsai-Grashalm zwischen den Pflastersteinen) bis zum ekstatischen Brummeln, wenn die Olle endlich mit Halfter und Strick erscheint. Vorher noch ein Schatten seiner selbst, steht er dann – DING-DING-DING – mit leuchtenden Augen und gespitzten Öhrchen parat.

Und wenn es endlich losgeht – die sogenannte Besitzerin ist ja nicht die Schnellste – wird alles inhaliert, was nicht bei drei auf dem nächsten Baum ist. Das machen wir übrigens beide, da kenne ich keine falsche Scham.

Bei der sogenannten Besitzerin muss man sich deutlich mitteilen, ansonsten versteht die einen nicht. Zum Ausgleich muss sie auch nicht weit laufen, wir stürzen uns direkt auf die kürzesten, runtergenagtesten Grashalme direkt am Anfang der Wiese. Wir wollen gar nicht ins hohe Gras. Im kurzen, abgefressenen Gras sind wesentlich mehr Geschmacksstoffe als im langweilig langen, gesunden Gras.

„Fruktan pur", informiert uns Frau Reitlehrerin, die mit ihrem Dieter sehr streberhaft im hohen Gras unterwegs war.

„Erstmal weiter auf die Wiese kommen", stöhnt die sogenannte Besitzerin und Frau Reitlehrerin fragt auch nicht nach. Es ist allgemein bekannt, dass wir herzigen Unschuldslämmer beizeiten den Erdanker werfen, sobald wir am äußersten Rand der Wiese angekommen sind. Ab da zieht der Lutschi nach links und ich nach rechts. Oder umgekehrt. Das entscheiden wir spontan. Soll uns keiner nachsagen, wir wären unflexibel.

„Wie lang dürft ihr denn?", fragt Frau Reitlehrerin.

„Morgen zwanzig Minuten", ächzt die sogenannte Besitzerin. „Jeden Tag fünf Minuten länger." Das hat Frau Reitlehrerin ihr seinerzeit mal eingetrichtert und daran hält sie sich auch.

„Brav", nickt die und lächelt: „Dann besteht ja noch Hoffnung, dass ihr irgendwann mal das längere und gesündere Gras erreicht."

Ab da hab ich nicht mehr zugehört, weil ich mir den Appetit nicht von gesunden Dingen verderben lasse. Genau so der Lutschi. Wenn da der Kopf einmal unten im Gras ist, dann bleibt der auch da. Da kann er sogar das Pinkeln vergessen, weil dafür leider keine Zeit ist. Beim Grasen zählt jede Sekunde. Mir würde das nie passieren, ich bin ja mehr der Intellektuelle und der Denker. Aber leider auch ein hungriger Denker. Wenn ihr mich also entschuldigen würdet, ich habe noch fünf Minuten und die muss ich ausnutzen.

ZUM SCHLUSS

Da habt ihr jetzt mal wieder einen kleinen Einblick bekommen, wie es bei uns zugeht. Ein Wunder, dass die sogenannte Besitzerin noch nicht in einer Zwangsjacke steckt, wenn ihr mich fragt.

Gerade eben denkt sie laut über ein neues Leben nach – mal wieder. Diesmal will sie Sattlerin werden. Oder Huforthopädin. Oder Osteopathin. Alles Berufe, für die sie nicht den geringsten Hauch von Talent hat. Was aber egal ist, weil sie es so oder so versuchen wird und nach kurzer Zeit spektakulär scheitert. Stay tuned, ich halte euch auf dem Laufenden.

In der Zwischenzeit versuche ich, mit Frau Reitlehrerin durchzubrennen. Falls das nicht klappt, muss mich der Mann retten. Wenn der nicht gerade von der Frau eine Vorlesung über Seelentiere und Reitkunst bekommt. Da kann ihm dann keiner helfen, aber ich gehe so lange außer Hörweite.

Macht's fein und habt eine schöne Zeit. Und denkt daran, ich beobachte euch heimlich!

Euer Pfridolin

DANKE

Wie immer bedanke ich mich bei allen, die bis hierhin durchgehalten haben. Und wenn es euch gefallen hat, freue ich mich riesig. Schreibt mir gern auf Facebook, Twitter oder Instagram oder schickt eine Email an pfridolin@pfridolinpferd.com, ich finde es immer toll, wenn ich von euch höre.

An die leidgeprüften Menschen, die meine Geschichten probelesen müssen und nicht genannt werden wollen: Danke, ihr seid sehr tapfer und ich kann euch wirklich gut leiden. Sehr sogar.

Ein letztes Dankeschön geht an die Pferde, die mich bis hierhin begleitet haben. Ich gebe die Hoffnung nicht auf, dass die Menschen – allen voran die sogenannte Besitzerin – irgendwann mal zu mehr Verstand kommen. Mehr Verstand, mehr Liebe, weniger Ehrgeiz – das wär's doch.

Und mehr Kekse.